・Xジェンダー(X-gender)

シスジェンダーはからだの性とこころの性が同じ人、トランスジェンダーはからだの性とこころの性が異なる人、Xジェンダーはこころの性が男女のどちらでもない人を指します。

■ **性自認と性的指向の組合せで決まるセクシュアリティ**

こころの性と好きになる性の組合せで決まるセクシュアリティには、次のようなものがあります。

・ヘテロセクシュアル（heterosexual）

・レズビアン（Lesbian）

・ゲイ（Gay）

・バイセクシュアル（Bisexual）

・パンセクシュアル（Pansexual）

・Aセクシュアル（Asexual）

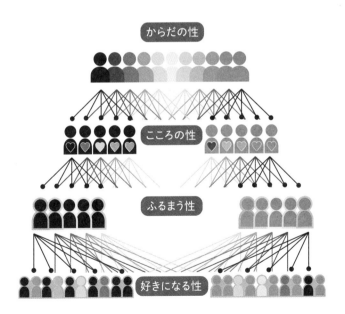

ヘテロセクシュアルは異性愛者、レズビアンはこころの性が女で好きになる性も女の人、ゲイはこころの性が男で好きになる性も男の人、バイセクシュアルは好きになる性が男女両方の人、パンセクシュアルは好きになる性が男女に限らない人、Aセクシュアルは好きになる性がない人のことを指します。

　「LGBT」という言葉は、レズビアン、ゲイ、バイセクシュアル、トランスジェンダーのそれぞれの頭文字に由来します。本書では、LGBTを「レズビアン、ゲイ、バイセクシュアル、トランスジェンダーをはじめとするセクシュアルマイノリティの総称」と定義し、上記4つのセクシュアリティだけに限定していません。加えて、からだの性とこころの性が同じ異性愛者（シスジェンダーのヘテロセクシュアル）を、「セクシュアルマジョリティ」という言葉で表します。

　また、トランスジェンダーは性のあり方の変化によって、次のような表現がなされます。

- ・FtM（Female to Male：女性から男性に）
- ・MtF（Male to Female：男性から女性に）
- ・FtX（Female to X：女性からXジェンダーに）
- ・MtX（Male to X：男性からXジェンダーに）

　このようにセクシュアリティは、男・女のどちらかに必ずしも当てはまるわけではありません。「男性寄り」「女性寄り」「中性」「無性」などセクシュアリティにはグラデーションがあると表現されることもあり、まさに十人十色なのです。

▪ SOGIとSOGIハラ

　SOGIとは、性的指向（Sexual Orientation）と性自認（Gender Identity）を指す言葉で、それぞれの単語の頭文字からきています。LGBTは性的マイノリティだけを指す言葉ですが、SOGIはすべての人の属性に関わる言葉です。

　たとえば、女らしさ・男らしさの押しつけはLGBTでなくても嫌な方はたくさんいます。そこで、こうした性的指向や性自認に関わるハラスメント全体を「SOGIハラ」とよぶことで、すべての人に関わる問題だと認識されるようになりました。

本 書 の 読 み 方

本書は主に「導入ページ」と「解説ページ」から構成されています。導入ページでは、各Chapterの冒頭でChapter全般に関する内容をお伝えします。解説ページでは、導入ページの後に続く各節の詳細についてお話しします。

導入
ページ

就活生や転職者の質問です

解説
ページ

「就」は就活向け、「転」は転職向けの解説です

各節のポイントをまとめています

Chapter 1 就活・転職の基礎知識
思い立ったらはじめよう

Chapter 2 自己分析
自分を知って未来を描こう

Chapter 6 | 面接
自分の言葉で伝えよう

Chapter 7 | 内定
ゴールではなくスタートととらえよう

Chapter
8 | 入社後
働きやすい職場をめざそう

特別
付録 | LGBTフレンドリーな企業紹介
18社の取り組み

就活・転職の基礎知識

思い立ったら
はじめよう

自分らしく働く

■ 自分らしく働く社会に近づいている

　LGBT、さらには働き方を取り巻く社会全体の環境は大きな変革期を迎えています。少子高齢化に伴い、労働力が不足する中、求職者の数を求人数が大きく上回る「売り手市場」の状態が就活でも転職でも続いています。

　結果として企業は、女性の活躍推進や外国人、障がい者、そしてLGBTなど多様な人材を積極的に活用すると同時に、私服勤務やリモートワーク、フレックスタイムなどを導入し、柔軟な働き方を認めつつあります。

　私が就活生だった頃は、3月に就活サイトがオープン、真っ黒なスーツに黒髪の就活生が直筆のエントリーシートをもって合同説明会に一斉に参加していました。しかし今後、こうした一斉採用の就活ルールは廃止されていく予定です。

　企業は通年にわたって私服OKの面接を実施したり、インターンシップなどの就労体験を提供することで、就活生・転職者のニーズに寄り添いながら、より多くの人材を惹きつけようとしています。

　人材の流動化はますます加速し、誰しもが一度は転職活動を経験することになるでしょう。この"超"人材不足の時代に、多様な人材や多様な働き方を受け入れられない企業は、もはや就活生・転職者から選ばれず、結果として経営も立ち行かなくなってしまうことが明白となりつつあるのです。

　このように、LGBTへの社会的理解が進むのと同時に、働き方そのものの多様性が認められるようになり、LGBTの就活生・転職者にとっても、より自分らしく安心して働ける仕事の選択肢が着実に広がってきています。

「自分らしく働く」とよく耳にするようになりましたが、「自分らしく働く」とはどういうことでしょうか？

本書では、「自分らしく働く」ことを大きく次の2つの軸に分けています。

①就活・転職時や職場で、セクシュアリティがマイナスにならないこと

②理想のキャリアプランとライフプランを最大限実現すること

高い給料をもらうこと、素敵なオフィスで働くこと、自由な服装で働くことなど人によって「自分らしさ」は異なりますし、働き方に求めるものは違ってきます。

就活・転職時や職場でセクシュアリティがマイナスになることはあるのでしょうか？

LGBTであることは、採用や職場の中において何らマイナスになるような事柄ではありません。個人のセクシュアリティが仕事の能力に直結することはないからです。厚生労働省は「公正な採用選考の基本」の中で、採用側はLGBT等性的マイノリティを排除しないことを明確にしています（→78P）。

ですが、「LGBTであることが採用の合否に不利な影響を与えるのでは？」「カミングアウトをしたら職場で仲間外れにされるのでは？」という不安もよく耳にします。

実際「カミングアウトをしたら内定取消にあった」「ゲイを馬鹿にするようなホモネタが日常的にある」「自分の望む性別で働けない」という声が私たちのもとに寄せられているのも事実です。

一方で、より積極的にLGBTに対して平等な職場環境づくりを行う、いわゆるLGBTフレンドリーな企業も増えつつあります。たとえば、異性婚だと得られる家族手当や結婚休暇などを同性パートナーにも適用したり、トランスジェンダーの性自認に伴ったトイレや更衣室の施設利用を認めたり、最近では性別適合手術の休暇を付与する事例もあります。

これらは、決して<u>LGBTを特別扱いしているわけではなく、平等な制度や環境づくりをしていこうという企業意識の現れ</u>です。このような企業や職場環境で実現するLGBTの「自分らしく働く」とはどういうことかという具体的なイメージがわかない人も多いと思うので、いくつか例を挙げてみましょう。

ＬＧＢＴが「自分らしく働く」要素

- 採用面接でカミングアウトをしても不利に扱われない
- 自認する性別で面接を受けることができる
- 同性パートナーと婚姻関係にある人に対する結婚祝い金や家族手当の付与があり、転勤の際にパートナーのことを考慮してもらえる
- 戸籍の性別ではなく、自認する性別でトイレや更衣室が利用でき、性別適合手術の際には休暇を申請することができる
- ホモネタなどのLGBTに対する差別的言動がほとんどなく、異性愛を前提とした恋人や結婚に対する詮索もされない
- カミングアウトをしていても、いじめや差別がなく、普通の人間関係を築くことができる

　もちろんこれらの例のように、すべてが整っている企業は多くはありませんし、取り組みを進めている企業であっても部署によってばらつきがあります。カミングアウトをしない人や、パートナーがいない人にとってはあまり関係ないとも思うことかもしれません。

　「カミングアウトをするのかしないのか？」「いつするのか？」「LGBTフレンドリーな会社を選ぶのか？」「自分のやりたい仕事を選ぶのか？」といった部分の見極めは難しいだけでなく、その場のなりゆきで行動してしまった結果、後悔している人もたくさん見てきました。

　そこで、本書では<u>「自分らしく働く」をキャリアプランとライフプランを組み立てながら実現する</u>方法を紹介しています。

キャリアプランとライフプランなんて考えたことがありません。描く必要はありますか？

　自分らしく働くうえで、どのようなライフプランを描くかは、<u>ロールモデルが少なく人生計画が立てにくいLGBTだからこそ</u>、<u>重要です</u>。そもそもどのような人生を歩みたいかによって、職場でカミングアウトをするか・しないか、どのような軸で企業選びをすべきなのかといったキャリアプランが大きく変わってくるからです。

　もちろん、理想のプランを描けたからといって、すべてを実現できることは稀です。そもそも条件に合う企業が存在しなかったり、第一志望の企業と合わないこともあります。

　ただそのときに軸のあるプランがあれば、職場に求める優先度を調整しながら、最大限自分に合った企業を見つけることができ、結果として自分らしく働くことにつなげていくことができるのです。

■「自分らしく」が「自分勝手」にならないように気をつけよう

　ここで気をつけてほしいことは、「<u>自分らしく</u>」を「<u>自分の好きなように</u>」、「<u>自分の理想</u>」を「<u>自分の理想通りに</u>」と解釈してしまうと、自分勝手な考えになってしまうことがあるという点です。

　企業で働く限り、常に「成果」を出す必要があり、それができる人材を企業は求めています。

　逆にいえば、仕事において「LGBTだから」は、いい訳や何かをあきらめる理由にもならないということです。

　セクシュアリティを理由にいままでつらい経験をしてきた人にこそ、これからはセクシュアリティを理由に何かをあきらめることなく、挑戦してほしいと願っています。

1 カミングアウトは必須ではない

■ カミングアウトをするか・しないかは、自分自身が決めること

LGBTの就活・転職時の大きな悩みのひとつに「カミングアウト」が挙げられます。「カミングアウトをしたら落とされないか」「パートナーと一緒に暮らすことを考えると、今のうちにカミングアウトをしておいた方がよいか」「クローズドにしたまま職場の人間関係がうまく築けるか」など、この先の働き方、生き方に大きく関わる問題だけに、とまどいや不安を感じている人は少なくありません。

また、職場でカミングアウトをする必要性を感じていない人もいるでしょう。セクシュアリティは、仕事の能力には関係がないことや、自認する性別と戸籍の性別が一致しているレズビアンやゲイ、バイセクシュアルなどにとっては、設備や保険の手続きで明らかな不自由さがない限り、わざわざ伝える必要がないからなど、さまざまな理由があります。

就活・転職をこれからはじめるうえで心に留めておいてほしいことは、大前提としてカミングアウトは必須ではないということです。カミングアウトをするか・しないかは誰にも強制されることではなく、いつ、どこで、誰に対して、どのようにカミングアウトをするかの判断は、自分自身で決めることです。

本書の中でも、どちらがよいということをお話しするつもりはなく、それぞれのスタンスにおけるメリット・デメリット、対応方法を紹介し、自身で決断するときの判断材料にしてもらえたらと思います。

■ カミングアウトは本人の決断が尊重される

たとえばトランスジェンダーの場合、選考時にはカミングアウトしていなくても、内定後の手続きの中で明らかになる場合があります。内定後に伝えると虚偽記

載として内定取消になるのではと不安に思う人も多くいますが、結論からいうと、法的に虚偽記載にはなりません。これはゲイであることや、レズビアンであることを伝えた際も同じです。

　いまではほとんど問題にはならなくなってきたものの、LGBTであることを理由に、内定取消を受けたという事例も未だ耳にすることがあるのも事実です。その場合、法的にも無効であると抗議することが可能です（→152P）。

カミングアウトをするか・しないかは、あらかじめ決めておいた方がよいでしょうか？

　ある程度自分の中のスタンスを決めておくことをおすすめします。スタンスがあいまいになっていると迷いが生まれ、エントリー時やインターンシップ、面接でもそのことが頭の片隅にあって集中できなかったり、思いがけずカミングアウトをしてしまい自ら混乱してしまうといったことがあるからです。企業ごとにカミングアウトをするか否かを変えることもできます。また、インターンシップの機会を活用して、カミングアウトをしたとき・しないときの両方を試してみることもできます。

　現在はカミングアウトの必要性を感じなかったとしても、将来同性パートナーと婚姻関係を結びたいと思ったり、異性パートナーと同等の福利厚生を受けたいと思うようになる可能性もあります。将来的に「必要なときにカミングアウトをする」というのもひとつの選択肢です。

　カミングアウトをしない選択をした場合、セクシュアルマジョリティであることが前提となっていることが多いいまの職場では、ちょっとしたプライベートな会話がストレスにつながる可能性があることは、頭に留めておくとよいでしょう。

POINT

- いつ、どこで、誰に対して、どのようにカミングアウトをするか・しないかの判断は、自分自身で決める
- 事前に、カミングアウトのスタンスを決めておく

2 多様化する働き方と採用ルート

▪ 学生優位の「売り手市場」と企業の「働き方改革」

　LGBTであることは単なるセクシュアリティに留まる話ではなく、本人の人生に関わるアイデンティティそのものです。就活・転職にも大きな影響を及ぼすことですが、それが認識され、企業や社会が動き始めてきたのはここ数年の話です。

　ここではまず、個人のセクシュアリティやアイデンティティの尊重を企業が重視するようになった背景と、最新の就活・転職のトレンドを知ることからはじめます。

　厚生労働省によると、ここ数年の就職率の推移は、2017年97.6%、2018年98.0%、2019年97.6%[※1]と高い水準を維持し、学生優位の「売り手市場」が続いています。背景には、少子高齢化による社会全体の労働人口減少に伴う、企業の人手不足が大きな理由のひとつとなっています。

　また、大企業といえどもこの先安定して成長し続けられるのか、不透明な時代に突入してきました。

　ひと昔前までは定年までひとつの企業で勤めあげたいと考える人も多くいましたが、いまはいくつもの企業を渡り歩いてキャリアを高めたいと転職を考える人が増え、人材の流動化は加速しています。

　こうした状況のなか、企業は積極的に「働き方改革」に取り組み、人材の確保に乗り出しています。フレックスタイム制度やリモートワークの導入など、個人のライフスタイルに合わせた働き方を選びやすくなってきました。

　また、障がい者雇用、外国人雇用、女性活躍、LGBTへの取り組みといったダイバーシティ戦略を重視し、離職率の低下、採用の拡大、生産性の向上を目指す企業も増えています。

■ これからは自らキャリアプラン、ライフプランを考える時代

　これまでのように年功序列による賃金アップ、生涯一企業といった前提がなくなると考えたとき、会社ありきの働き方ではなく、自ら主体的にキャリアプラン、ライフプランを組み立てることが必要です。

　キャリアプランとは、どんな仕事をしてどんなスキルを身につけ、どんな企業で働き、中長期的にどんな目標をもって働くかといった、キャリアの計画をたてることです。ライフプランとは、仕事以外の人生をどう歩んでいきたいか、趣味や家族とのかかわり方といった人生の計画をたてることです。

■ 新卒の採用方法は、2021年春入社から大きく変わる予想

　2018年、経団連は「就活ルール」の廃止を発表。「企業が一斉に採用活動を開始する」という従来のルールは、2021年春入社の新卒採用以降、適用されなくなります。主流だった新卒一括採用のほか、インターンシップからの内定や通年採用といった採用ルートの多様化がますます進むことが予想されます。

　現実的に考えて、早くから就活をはじめることが早期内定のカギとなることは、間違いないでしょう。

■ 新卒・既卒・第二新卒はポテンシャル採用、中途はポジション採用

　既卒・第二新卒、中途といった転職者の採用は、年々増加傾向にあります。一般的に、既卒とは「卒業後3年以内で正社員経験がない若者」、第二新卒とは「新卒入社後、3年以内に退職した若者」を指しています。

　新卒を含めた若手の採用では、スキルマッチ（業務スキルや経験が合うか）よりもカルチャーマッチ（性格や価値観が合うか）が重視され、就活生・転職者が将来その企業で成果を上げる人材になれるかを推し量るポテンシャルが評価される傾向にあります。近年、既卒や第二新卒を採用する企業は増えてきたものの、新卒の採用枠に比べるとまだまだ狭き門だということも覚えておきましょう。

　一方、中途採用では職務経験や実務面での具体的なスキルマッチが重視される傾向にあります。ニーズに合った人材をピンポイントで採用し、即戦力とな

ることが期待されているからです。

　そのため選考においては、前職で何を達成し、転職先の企業で何をしたいのかを明確に伝えることが重要です。企業が求める経験・能力・条件と自分の意思が合致するかを、入念に確かめる必要があります。<u>最近では未経験での中途採用も増え、カルチャーマッチも以前より見られる</u>ようになってきています。選考前には企業の文化や価値観も確かめましょう。

LGBTフレンドリーとか関係なく、つぶれない大企業や公務員に就職すれば、一生安泰なのでは？

　公務員や業績が安定している企業を選んだとしても、一生安泰とはいいきれません。

　職場内のコミュニケーションや人間関係がうまくいかなければ、長く居続けることに精神的なつらさが伴います。ひとつの職場で長く働くほど、プライベートな情報の共有も多くなるからです。カミングアウトをせずに数十年にわたって嘘をつき続けることに苦しむLGBTも見てきました。また、安定を選んだ結果、専門性が身につかず転職もうまくいかない場合もあります。

　ここで大事なのは、<u>LGBTフレンドリーな企業を選ぶのも、安定を選ぶのも、あなたの歩みたいキャリアプランとライフプランによって大きく変わってくる</u>ということです。それぞれのプランのつくり方はChapter 2で解説します。

企業で働くことに不安があります。卒業後、すぐに起業したり、フリーランスになるのは難しいですか？

　「就活が不安だから」「職場でイヤな思いをするから」という理由で、フリーランスなどを選択しようとするLGBTの就活生・転職者はよくいます。結論からいうと、最初からそうした<u>後ろ向きな理由で決断するのはおすすめできません</u>。

　現実問題として、未経験から独立して生計を立てるのはハードルが高すぎます。私自身、在学中に起業して最初の1年間は売上がほぼゼロだったため、「これ

はまずい」と思い就活をはじめました。

　内定をもらった後、企業が軌道に乗りはじめ将来を見つめ直した結果、そのまま独立の道を選びましたが、就活をすることで自分自身と徹底的に向き合い、さまざまな社会人との出会いやインターンシップを通じた就労経験を得る中で、より自分のキャリアプランとライフプランを明確にすることができました。

　将来の独立を見据えて、一旦企業で働いてスキルを身につけてもよいですし、就職する・しないにせよ、就活は自分の人生を見つめ直し選択肢を広げる機会になるため、前向きにトライしましょう。

これまでアルバイトなど非正規の仕事しかしてきませんでした。まったくの未経験からでも中途での転職は可能なのでしょうか？

　もちろん可能です。LGBTの転職者の中には、最初の企業で人間関係につまずいてしまったり、就職自体を最初からあきらめてしまったりと、非正規や未経験からの転職にトライする人は実際多くいます。そのうち転職を成功させている人もたくさんいます。

　中途は基本的にポジション採用と述べましたが、近年の人手不足の背景から、積極的に未経験のポテンシャル採用を行う企業が増えています。この場合、一般的には新卒採用と同じく、カルチャーマッチの部分が重視される傾向にあります。

　卒業後、<u>非正規で働いていた経験は一見ネガティブにとらえてしまいがちですが、自己PRに応用できる部分がたくさんある</u>ので、希望をもってChapter 2の自己分析から始めましょう。

※1　厚生労働省「大学等卒業者の就職状況調査」

POINT

- これからは自らキャリアプラン、ライフプランを考える時代
- 新卒はポテンシャル、中途はスキルが重視されるが、未経験採用も増えてきている

3 いつ、何から はじめる?

● 就活・転職の成否を左右するのは、準備段階

「そろそろ準備に取り掛からなくては!」と思いながらも何から手をつけたらよいかわからず、立ち止まってしまう就活生・転職者は少なくありません。就活・転職とひとくちにいっても、大きく次の2つの段階にわけられます。

①**準備段階**：自己分析、業界・企業研究、インターンシップ、OP訪問※1、
　　　　　　　筆記試験・面接対策

②**選考段階**：エントリーシート、筆記試験、面接

　①準備段階は選考段階の下地づくりのようなもので、下地の質の高さがその後の成否を左右します。

　「早くはじめなくちゃ!」と焦るほど、②選考段階に意識を向けがちです。

　しかし、たとえばLGBT就活生・転職者にとっては、カミングアウトをして働くのか、しないで働くのか、LGBTフレンドリーな会社を選ぶのか、給与などの待遇を優先して選ぶのか、といったことをしっかり準備しておくことが、今後の人生とキャリアに影響を及ぼします。<u>納得のいく内定を得て自分らしく働くためには、①準備段階が最も重要</u>なのです。

● 準備段階を「理想の部屋探し」にたとえると……

　日本には、約380万社の企業があるといわれています。その中から自分に合った企業を探すことは、砂漠に落とした一粒の砂金を見つけ出すようなもの。

　このような難しいことを進めていくにあたって、ここでは、就活全体の流れを「理想の部屋探し」にたとえて考えてみましょう。

① 準備段階	② 選考段階
・自己分析 ・業界・企業研究 ・インターンシップ ・OP訪問 ・筆記試験・面接対策	・エントリーシート ・筆記試験 ・面接

　無数にある賃貸物件から「ライフスタイルに合った理想の部屋を探す」とき、一体何からはじめたらよいでしょうか。

　まずは「自分の望むライフスタイルを明確」にし、住む場所、家賃、間取り、設備……といった暮らし方を見定めることからはじめるでしょう。何の条件も設定せずにただやみくもに探しはじめたところで、物件が多すぎて選べません。

　次は情報収集です。不動産サイトや店舗に掲載されている物件から、条件に合った部屋を探します。目星をつけたら、実際に足を運んで確認しましょう。

　なぜなら、サイト上の写真では明るく写っていても実際には日陰かもしれないし、逆によいところを発見することもあるからです。不動産屋のいうことを鵜呑みにせず、自分の目で見ることが大切です。

　しかし実際に探してみると、すべての条件が叶う「理想の部屋」はなかなか見つからないことも多いでしょう。そんなときは、条件に優先順位をつけ、譲れない点、妥協できる点にわけて考えてみることです。

　あるいは、条件を満たす物件がいくつも見つかったときも、優先順位をつけることで、選ぶ決め手につながるかもしれません。

　さらに1年後、3年後、5年後と考えられる範囲で「将来のライフスタイルと照らし合わせてみる」こともおすすめです。転勤の可能性やパートナーとの生活も、ひとつの判断基準となります。

　もしかすると3年後は、思い描いたようにはなっていないかもしれません。そのときは軌道修正を行い、引っ越しや家を建てるといった新たな選択肢も視野に

入ってくるでしょう。

ここまで丁寧に「ライフスタイルに合った理想の部屋を探す」人は少ないかもしれませんが、これは就活の流れや働き方の考え方とも似ています。

また、ここでの不動産屋は就活サイトや転職の際のエージェントととらえることができます。たとえばゲイやレズビアンのカップルの場合、不動産屋に2人の関係を「友達」と伝えてしまうと、ルームシェア用の部屋を紹介されるかもしれません。

同様に、サイトやエージェント選びにおいて、LGBTであることが相談できなかったり、配慮がされていないことでのぞんでいない結果になる可能性があることにも気をつけましょう。

本書ではこれらの流れをふまえ、「キャリアプランとライフプランをつくる」方法をChapter 2で、「自分に合った企業の探し方」をChapter 3で紹介します。

大学3年生も後半。内定が出た友人もいる中、どうしても就活に前向きになれないまま、後れをとってしまい焦っています

そもそも就労経験がなく、さらにLGBTであることも重なって、漠然とした不安を抱えたLGBTの就活生から同様の相談を受けることはよくあります。いきなりエントリーをして面接を受けるのにはハードルがあるので、まずは自己分析からはじめましょう。

焦っていると「とにかくどこでもいい」と手頃な企業にエントリーしてしまいがちですが、得策とはいえません。

部屋探しのたとえ話で紹介したように、仕事探しもキャリアプランとライフプランを決めないことには何もはじめられません。

時間が限られている場合でも、自己分析を行い自分に合った企業にエントリーした方が、内定成功率も納得度も上がります。

早期に動いた方が有利とはいえ、人材不足を背景に4年生の後半の時期でも多くの企業が採用を継続するようになってきているので、落ち着いてのぞんでください。

やりたいことがわからないので、何から手をつけたらよいかわかりません

この悩みも、自己分析からはじめることをおすすめします。「やりたいことがわからない理由」を一歩ふみ込んで考えてみると、

①やりたいことが多すぎて一番やりたいことがわからない

②興味のあることがあるけれど仕事になるかわからず自信がない

③好きなことがまったく思い浮かばない

……など、理由は人それぞれ異なると思います。理由を把握してから自己分析をしてみてください。

たとえば①の場合は、自己分析をしてやりたいことに優先順位をつけてみます。

②の場合は、興味のあることに少しでも関係のある業界について研究し、どんな職種があるのか探ってみましょう。

③の場合は、「ありたい姿」から探ってみるという方法もあります。「仲間と協力しながらできる仕事がいい」「人の役に立っている実感がもてる仕事がいい」など仕事像から考えてもよいですし、「旅行や趣味の時間を取りたい」といったライフスタイルから考えることもできます。

そもそもはじめから「これがやりたい！」と揺るぎない信念をもつ人は少数です。まずは小さなきっかけから手綱を引き寄せるように、やりたい仕事を見つけていく人がほとんどです。

そのためにも、本書を活用してしっかりと自己分析を行い、キャリアプランとライフプランの軸を見つけてください。

※1　一般的には「OB・OG訪問」（Old Boy、Old Girlの略）とよばれていますが、本書ではセクシュアリティを限定しない意味で「OP訪問」（Old Personの略）とよびます。

POINT

■ 準備段階が、就活・転職の結果を大きく左右する

■ 自己分析は、就活・転職の基本中の基本

4 スケジュールと予算を見積もる

● 具体的なスケジュールを組んでみよう

　自己分析と同時に、就活・転職のスケジュールを立てましょう。一般的な就活・転職のスケジュールの目安をここに示します。2021年春入社以降は就活のルールが大きく変わることが予想されるため（→9P）、情報収集を行いスピーディに行動しましょう。

　転職の場合はエントリーしてから内定までが比較的短期決戦となりますが、スキルがシビアにみられるため、転職活動の際にアピールできるスキルを意識し、日々の仕事で高めておくことが大切です。

■ 就活の一般的なスケジュール

自己分析

業界・企業研究 ＞ インターンシップ

エントリーシート ＞ 面接 ＞ 内定 ＞ 入社後

■ 転職の一般的なスケジュール

├─── 約2週間 ───┤├─── 約2か月 ───┤├─ 約1か月半 ─┤

転職準備 ＞ 書類作成 ＞ 求人応募 ＞ 面接 ＞ 内定・退職

　未経験からの転職であっても、たとえばワードやエクセル、パワーポイントといった基本的なPCスキルはどの職場でも利用するため、最低限使いこなせるよ

うになっていると、自己アピールに活かせます。

　中途採用には特定のシーズンがあるわけではないため、転職を考え始めたらまず複数の転職サイトやエージェントに登録し、常に求人をチェックする必要があります。また現職を離れられる時期や、ボーナスを受け取るタイミングなどを見極めながら、転職したい時期から最低でも３か月前には準備をして、エントリーしていくのがよいでしょう。

■ 就活にかかる費用は、都会か地方かでも異なる

　たとえば、東京都内に住んでいて東京で就活すると、およそ20万円以上、地方に住んでいて東京で就活するとだいたい40万円はかかると思ってください。主に、交通費、宿泊費、飲食費、郵便通信費、スーツ、シャツ、ビジネスカジュアルの服、バッグ、靴、腕時計、証明写真、書籍、資格受験料などがかかります。

　就活が忙しくなると、アルバイトの時間も削ることになり、収入が減ってしまう可能性もあります。「お金がなくて希望の会社を受けられなかった」とならないよう、就活を見越して早い段階から計画的に貯金しておくと安心です。

節約術はありますか？

　リクルートスーツは一時期しか着ない人も多いので、フリマアプリやオークションにもたくさん出回っています。サイズがあえば、節約できるでしょう。

　またインターンシップや採用選考では、企業から交通費が支給されることもあります。交通費負担を減らすため、同じ日にまとめて選考が受けられるように調整するなど、計画的に取り組んでみてください。

POINT

- ■ スケジュール全体を俯瞰して、準備すべきことを把握しておく
- ■ お金がかかるので、計画的に貯金しておく

5　性別移行の　タイミングを考える

● 性別移行に必要な期間や費用は、人それぞれ異なる

　からだの性とこころの性に違和を感じるトランスジェンダーは、こころの性に合ったからだの性へ変化させる「GID（性同一性障害）医療」を受けるという選択肢があります。

　これらの治療は心身ともに負担が大きく、治療および手術の内容や本人の体調により術後の回復期間は異なります。

　数週間で回復する人もいれば、数年にわたって体調不良や精神不安定に陥ってしまう人もいます。

● 性別移行のステップ

　まず、性別移行がどのようなステップで進んでいくのかを説明します。

①診断書の取得（通院頻度：1〜2回／月　所要期間：〜半年間）

　専門の医療機関（ジェンダークリニック）で「性同一性障害」の診断を受けます。初診から診断までの期間や通院頻度は病院によって異なりますが、1か月に1〜2回の通院で、半年ほどかかることがあります。

②ホルモン療法（通院頻度：1〜4回／月　所要期間：継続的）

　ホルモン剤の投与を受けると少しずつ体が変化していきます。体調不良や抑うつ状態になるなどの副作用が表れることもあります。

　なお、通常、ホルモン療法は、性別適合手術を受けたり、戸籍上の性別を変えた後も継続します。

③手術療法

・性別適合手術（所要期間：数日～3か月間）

　内性器（卵巣や精巣）摘出や外性器の手術です。国内では、対応可能な専門医が不足しているため、タイなど海外で手術を受ける人も多いです。

　性別適合手術を行うと、戸籍上の性別変更が可能になります。

・その他（乳房切除・喉仏切除・声帯手術など）

　いずれも、術後は定期的な検診や通院が必要となることがあります。

① 診断書の取得	② ホルモン療法	③ 手術療法
・通院：1～2回/月 ・期間：～半年間	・通院：1～4回/月 ・期間：継続的	・期間：～3か月間

■ 決断を急がず、自分がどうありたいかをよく考える

　もし現在、就活の準備をしていて「就活のために手術を受けて戸籍を変えたい」と思っているならば、一旦立ち止まって考えましょう。なぜなら、手術は最も体への負担が大きく後戻りできない決断だからです。

　体にメスを入れるかどうかは、十分な情報収集と準備をしたうえで、誰かを納得させるためでなく、自分のために決断してほしいと思います。

　実際に、こころの性に合わせた見た目と戸籍の性別が一致しない状態で、通称名を使うなどして就活を行って内定をもらい、自分らしく働いている先輩もいます。

　そういった先輩たちは、精神的にも金銭的にも比較的余裕をもって、働きながら休暇をとって手術を受ける人もいます。

■ 働きはじめてから性別移行をはじめることもできる

　働きはじめてから性別移行をはじめる、いわゆる「在職トランス」は一番ハードルが高いといわれています。社内ですでに関係を築いている人に対しては、必然的にカミングアウトをすることになるうえ、周囲にとまどいや混乱を生む可能性もあるからです。

そういった理由から、性別移行をきっかけに仕事を辞める方も少なくありません。予定外にキャリアに空白期間ができ、再就職時にうまく説明できずに苦しむ人の話も聞きます。

　読者のみなさんの中にもこういった悩みを抱えている人がいるでしょう。キャリアの空白期間についての説明方法は後述します（→106P）。

　一方で「在職トランス」は、決して不可能な選択肢ではありません。ある企業では、入社から数年後に性別違和が原因となってうつ病を罹患した社員に対して、休職期間を経て自認する性で復帰することをサポートした、という事例もあります。

　また、トランスジェンダーであることを明かして転職し、働きはじめて社内の様子を見てから性別移行を決断し、チームに応援されながら自認する性で再び働きはじめたという方もいます。

■ キャリアプランとトランスジェンダーフレンドリーな職場

　「いますぐに性別移行は決断できない」あるいは「まだ性別を決めかねている」という人こそ、自らのキャリアプランとトランスジェンダーフレンドリー（トランスジェンダーが働きやすい環境）な職場であるかどうかの兼ね合いはよく検討した方がよいでしょう。

　「この企業で長く働きたい」というキャリアプランと、「この企業では在職トランスはできそうにない」という現実がぶつかったときに、苦しい選択を迫られるかもしれないからです。

　いつでも性別移行ができるようにと考えて、トランスジェンダーフレンドリーな職場を選ぶこともひとつです。性別移行のタイミングで転職しても大丈夫なように、つぶしがきくスキルを身につけるのもよいでしょう。

 トランスジェンダーであることを隠して働くことはできるでしょうか？

　性別移行がうまくいけば、戸籍上の性別変更の有無にかかわらず、周囲に対

してカミングアウトをせずに溶け込むことができるでしょう。

その場合でも、いつか秘密がバレるのではないか、という心配がつきまとうかもしれません。

もし人事や採用選考に関わった人があなたのセクシュアリティを知っているとしても、その情報を本人の同意を得ずに暴露してしまうこと（アウティングとよびます）は許されない行為であることが、いくつかの裁判でも示されています（→146P）。

心配であれば、改めてカミングアウトの範囲について関係者に伝えておく（ゾーニングとよびます）とよいでしょう（→145P）。

また、過去について質問をされたときに、明らかにとまどってしまうとバレてしまう可能性もあります。

絶対にバレたくないという意思があるのであれば、次のような話題になった際につじつまの合う回答を自分の中で用意しておきましょう。

・男子校／女子校時代の話
・中学校や高校時代の部活動の話
・温泉などに誘われたときの断り文句
……など。

POINT

- 性別移行についての正しい知識をもっておく
- 性別移行は心身への負担が大きいため、決断を急がずにじっくりと向き合う
- キャリアプランと性別移行については、長期的な視点をもって考える

6 セクシュアリティに とらわれない 身だしなみと ビジネスマナー

● 就活・転職では、第一印象が大事！

よく「人の印象は第一印象で決まる」といわれますが、就活・転職の場面でも第一印象は重要だといわれています。

ある心理学の法則によると、第一印象に影響を与える要素は「視覚」「聴覚」「言語情報」の3つがあるそうです。

この中でも、<u>視覚情報（身だしなみ、表情、ふるまい）が相手の印象に最も影響を与える</u>とされています。<u>清潔感のある身だしなみと明るく礼儀あるふるまい</u>を心がけましょう。

またこれから社会人として活躍していくうえでも、TPO（時、場所、場合）に合った身だしなみとビジネスマナーを身につけておくことは欠かせません。

● LGBTと身だしなみの関係

LGBTの中でも、とくにトランスジェンダーは、性自認と合わないスーツを着たくなかったり、男女の性別に分けられた服装にとまどいを感じたりして、服装や身だしなみについて悩みをもっている人も多くいます。

またLGBTに限らず、そもそもスーツを着たくない人や、女性はメイク、男性はヒゲを剃らなければいけないといった男女別のマナー、髪は黒くしなければならないなどの世間の常識に抵抗感をもつ人は増えています。

こうした就活生・転職者のニーズに合わせて、企業側から私服での面接をあえて推奨する場合なども増えており、確実に就活・転職での身だしなみの幅は広がっています。

とはいえ、繰り返しになりますが、<u>「自分らしく働く」ことと「自分の理想のま</u>

まに働く」ことは別の話です。企業は個人の理想をすべて叶えるためにその人を採用するわけではなく、「成果を出す人材」を常に求めているからです。

現実問題として、仕事において顧客対応や円滑なコミュニケーションのための、最低限必要な清潔感やマナーが求められる仕事があります。その場合、身だしなみが採用の評価に入ってきてしまいます。

もちろん、身だしなみのルールがゆるい会社で働くことを優先するのであれば、そういった企業だけに絞って受けることもひとつの手です。

ただトランスジェンダーに向けてお伝えしておきたいのは、性自認に合った服装や身だしなみをすることは、ビジネス上のマナー違反には決してならず、採用可否にも直結しないということです。

私自身これまで多くのトランスジェンダーが、性自認に合った姿で就活・転職をし、成功するのをサポートしてきました。

理解のない企業はゼロではありませんが、必ず自分らしく働ける企業が存在することを忘れないでください。

ここからは自分に合ったスタイルで心地よく就活・転職にのぞめるよう、セクシュアリティにとらわれない身だしなみとビジネスマナーを紹介します。

● **セクシュアリティにとらわれない身だしなみ**

LGBTの就活生・転職者が悩みがちなスーツの着こなし例を5種類紹介します。
・ビジネスカジュアルのスタイル（2種類）
・MtFのスタイル
・FtMのスタイル
・Xジェンダーのスタイル

基本的に服装の選択に正解はありませんが、企業から「私服（平服）でお越しください」「スーツでお越しください」などと、指定される場合もあります。

きちんとした服装は、相手への敬意・誠意の表れにもなります。身だしなみもコミュニケーションのひとつととらえて、自分の価値観やあり方を重視しすぎた自分勝手な服装にならないように気をつけましょう。

■ ビジネスカジュアルのスタイル例 1

ビジネスカジュアルでOKといわれた場合、とくにXジェンダーは困ってしまう人もいるようですが、基本的にはスーツ選びと同じです。

MtXはスキニーパンツに、ブラウスとジャケットを組み合わせるのもよいでしょう。

足を痛めやすいパンプスではなく、スニーカーを推奨する企業もあります。

■ ビジネスカジュアルのスタイル例 2

FtXはメンズパンツにYシャツとメンズジャケットを組み合わせると、しっくりくる人が多いようです。

春先はまだ冷えるので、タートルネックもおすすめです。

ビジネスカジュアル2例のポイントは「落ち着いた色味」「清潔感」「ジャケット」の3点です。

■ MtFのスタイル例

就活を経験したMtFの先輩からのアドバイス
「人によっては、肩幅や身長の関係で、大きめのサイズを選ぶ必要があります。私の場合は、上半身がLL、下半身がMと上下でサイズ違いのものを選んで体のラインがきれいに見えることを意識しました。また、胸元の襟が太く、シャツの見える面積が広いものを選ぶことで、肩幅を狭く見せていました」

■ FtMのスタイル例

転職を経験したFtMの先輩からのアドバイス
「既製品のメンズスーツは、体に対して大きいのでダボついてしまいます。そこで私は、オーダーメイドで仕立てました。『LGBT スーツ』と検索すると比較的リーズナブルに、理解あるお店を探せます。『肩幅』『胸が張らない』『腰と太もものラインが出ない』の3点を意識しました。Yシャツは襟が短いものを選ぶと、肩幅が広く見えて大人っぽさが出ました」

FtXの先輩が実際に就活で着用したメンズスーツにブラウスとレディースシューズを合わせたスタイルです。メンズとレディースのミックスでも表現の幅を広げつつ、リクルートスーツとして清潔感と信頼感のある身だしなみとなります。

たとえば、レディーススーツにネクタイとメンズシューズを合わせるスタイルも、全体としてバランスがよく、ジェンダーの偏りが見えにくくなります。

　身だしなみを考えるうえで重要なポイントは、<u>選考のために気にかけるのではなく、実際にその企業で働くことを見据えたうえでの適切な服装や髪型を意識する</u>ことです。

　たとえば、入社後の服装がスーツ着用必須である企業を受ける場合は、スーツで選考を受けることがのぞましいでしょう。もし、選考段階でスーツを着用することが難しいのならば、入社後はもっとつらくなることが予想されます。

　私服で選考を受ける場合も、入社後の服装を意識して選びましょう。たとえば、私服OKなIT企業だとしても、顧客と対面する仕事であれば、襟つきのポロシャツにチノパンなどを選ぶことで、信頼感のある印象を残すことができます。

スーツの着用に抵抗があり、カジュアルな服装で働ける企業を受けていますが、最終面接でスーツを指定されるのはなぜでしょうか？

　人事が服装について指示を出す場合は、あなたを援護するための味方になってくれていると考えましょう。

　最終面接に出てくる社長や重役は一般的に年齢層が高く、あなたの中身を見る前に「スーツじゃないなんてけしからん」というだけの理由で不採用にすることもまだまだあります。

　人事からすれば、そんなつまらないことで不採用になってほしくありません。そのため、最終面接にスーツを指定することがあります。

　そのうえで、場合によってはスーツが求められる企業で働くことができるのか、冷静に判断してみましょう。

普段はメイクをしないのですが、就活や転職ではメイクをしたほうがよいですか?

メイクをせずとも清潔感や表情の豊かさで好印象を与えるように心がければ問題ありません。

　職場でのメイクが必須ではない企業の場合、選考時のメイクは自身をアピールするポイントのひとつでしかありません。

　もしあなたが普段からメイクをせず、これからもしたくないのであれば、接客業などの職務中のメイクを必須とする企業を受けるのは得策ではありません。

　もしマイナス要素となるリスクを少しでもなくしたいということであれば、選考だけは軽くメイクをするというのも選択肢のひとつです。

■ 身だしなみで気をつけておきたいこと

　髪型、服装、カバン・靴、表情・姿勢、メイク他についての身だしなみのチェックポイントを紹介します。ここでは「○」「×」ではなく、あえて「○」「△」を用いています。そもそも身だしなみはアイデンティティのひとつであり、良し悪しを誰かが決められるものではないからです。

　ただ、現時点では、「△」より「○」の方が多くの企業の選考上、好印象につながるということは覚えておきましょう。

- ■ 身だしなみのチェックポイント

	○	△
髪型	・顔が隠れていない ・長い髪は結えている	・乱れている ・ボサボサ
服装	・TPOに合っている ・サイズが合っている	・シワがある、サイズがダボダボ ・セクシュアリティの過剰表現
カバン・靴	・磨かれている	・汚れている
表情・姿勢	・自然な表情や笑顔 ・背筋を伸ばす	・無表情 ・下を向いている
メイク他	・TPOに合っている ・時計をする	・濃すぎる、カラコン ・派手なアクセサリー

　トランスジェンダー、Xジェンダーにとっては、身体のサイズに合ったスーツがないことや、女性らしい服装、男性らしい服装のどちらも窮屈に感じることもあるでしょう。

　「カミングアウトは必須ではない」（→6P）でお話ししたように、そもそもセクシュアリティが採用可否の判断材料になることはありません。ですので、<u>セクシュアリティを服装で無理に表現する必要はありません</u>。

　たまに、自分のセクシュアリティを強く表現したいあまり、身体のラインがはっきり見えるミニのワンピースや、胸元が大きく開いたシャツを着て面接に行く人がいます。

　ですが、必要以上に就活・転職の場面でこうしたことを強調してしまうと、かえってマイナスの印象を与えかねません。この点も注意が必要です。

- ● セクシュアリティにとらわれないビジネスマナー

　身だしなみと同様、ビジネスマナーも相手に敬意を表すコミュニケーションのひとつです。

　型通りに行動するのではなく、目的や状況に応じて臨機応変にふるまえることが大切です。

　たとえばお辞儀をするとき、お辞儀の角度などテクニックを参考にするのもひとつですが、最も肝心なことは**行動を通して気持ちが伝わるよう意識をすること**です。同じお辞儀であっても、面接前と面接後とでは少し違った気持ちをもつことがあるかもしれません。

　とはいえ、緊張した場面ではなかなか気が回らないこともあると思います。学生から社会人へ意識を切り替えるうえでも、日頃からマナーを気にかけながら過ごしてみるとよいでしょう。

ビジネスマナーのチェックポイント

言葉遣い	・はっきりと挨拶をする ・敬語と謙譲語を使い分ける ・一人称は「私」。「僕」「俺」は使わない ・話をするときは、伝わりやすい目線・声量を意識する ・自分の話ばかりせず、相手の話を聞く
連絡・メール	・メールはなるべく早く返信する。署名を入れる ・遅刻厳禁。やむ終えない場合は、わかった時点でお詫びと到着時間を伝える ・謝罪、断りを伝えるときは、電話が望ましい
会社訪問時のふるまい	・受付の前に、コートを脱ぐ ・受付では、用件と自分の名前・所属を伝える ・入室するときはノックをする ・携帯やスマホをマナーモードにしておく

POINT

- とにかく清潔感を意識した身だしなみを心がける
- ビジネスマナーを普段から取り入れるようにする

ロールモデルを探そう

　LGBTであることをオープンにして生活している人は、日本でも徐々に増えてきたものの、多いとはいえません。とくに一般企業に就職して働きながらカミングアウトをしている人を見かける機会は、メディアの中でもほとんどありません。

　しかし、結婚して、子どもをつくって、マイホームがあって……といったキャリアプランとライフプランを描きにくいLGBTにとって、人生のロールモデルを探すことは、自分の将来像をより具体的に描くうえで、重要なことです。

ライフプランのロールモデルを探す

　人生のロールモデルを探すなら、LGBTインタビューメディアサイト「LGBTER」がおすすめです。LGBT4つのセクシュアルマイノリティだけでなく、XジェンダーやAセクシュアル、パンセクシュアルなど、さまざまな当事者のライフヒストリーを知ることができます。

　大学生ならLGBTサークルに参加するのも手です。「大学名 LGBT」で検索すると自分の大学のサークルや、近くの他大学のLGBTサークルに参加することもできます。

　大きいものだと数百名が所属しており、卒業生の社会人とつながることもできます。社会人でも「社会人　LGBTサークル」で検索すると地元のNPOを探せたり、イベントなどに参加することができます。

キャリアプランのロールモデルを探す

　JobRainbowや認定NPO法人ReBitが運営する「LGBT就活」では、セクシュアリティをオープンにして働くLGBTの先輩社員インタビューが多数掲載されているので、自分にあった働き方を見つける参考になると思います。

自己分析

自分を知って
未来を描こう

就活・転職は
自己分析からはじめる

■ LGBTこそ自己分析は重要

　Chapter 1では、キャリアプランとライフプランに合った企業で自分らしく働くためには、就活・転職の準備段階が大切だとお話ししました。その基礎になるのが「自分を知ること」、つまり自己分析です。とても大事な準備であるものの、**多くの就活生や転職者が軽視しがちな部分**でもあります。

　私自身、就活をはじめたころは「自己分析なんてしなくても自分のことは自分が一番知っている、エントリーシートや面接のテクニックの方が重要」だと考え、まったく自己分析をしていませんでした。

　結果として、企業選びから面接での受け答えまで直感だけで行動してしまい、企業からの印象も悪かっただけでなく、「自分は何がしたいんだっけ?」と迷いが生まれてしまいました。

　<u>LGBTこそ、自己分析は重要である</u>と私は常々考えています。なぜなら、自己分析を通して、LGBTであることが自分のアイデンティティにどれくらいの影響をもたらしているのかを知ることで、「LGBTフレンドリーな企業で働くべきか?」や「カミングアウトして働くべきか?」といった軸が明確になるからです。これは就活・転職を成功させるためには、欠かせない基礎になります。

　また、キャリアプランだけでなく、ライフプランの判断軸にもなります。たとえば、ゲイやレズビアンにとっては将来のパートナーとの人生計画や、トランスジェンダーにとっては性別適合の選択とタイミングを考えることにも役立ちます。

　私自身も就活時代に自己分析を行ったことで、自身の特性やキャリアプラン、ライフプランが明確になり、今でも重要な意思決定をする際に軸をもって考え

ることができています。

　もはや自己分析は、就活・転職のためだけではなく、<u>LGBTにとって「自分らしく生きる」ための人生軸を見つける</u>、一生ものの支えにもなるのです。

■ 自己分析のはじめ方

　さまざまな自己分析の手法がある中、本書では「自分史をつくり、過去の行動パターンから自分の特性をつかむ」方法を紹介します。

　自己分析は多くの人にとってつまずきやすいポイントでもあります。「やればやるほどわからなくなってきた」「自分って一体なんなんだろう」と、深みにはまってしまうのです。

　つまずきの原因の多くは、「自己分析をした結果をどう就活・転職に活かしたらよいのかがわからない」状態ではじめてしまうことにあります。単に「自分を知った」だけでは「自分らしく働く」ことに活かせません。

　LGBTの就活・転職における自己分析の目的は、次の3つです。

①キャリアプランとライフプランをつくる

②セクシュアリティのスタンスを決める

③自分のことを自分の言葉で伝える

①キャリアプランと
　ライフプランをつくる

②セクシュアリティの
　スタンスを決める

③自分のことを
　自分の言葉で伝える

　自己分析を行い、これらを具体的に示すことができれば、選考までの最大のハードルはクリアできたことになります。

就　転

MY
SELF

1 自分史をつくり、自分の特性をつかむ

■ ステップ1　過去の経験を洗い出す

　はじめに、過去の経験を洗い出して自分史シートをつくります。例を参考に、エクセルか手書きで作成してみてください。書き出すときのポイントは次の5つです。

　①それぞれの時代で、印象に残っている事実やエピソードを書く

　②成功した体験やポジティブな思い出は、達成感を得たこと、モチベーション向上の要因、何がパフォーマンス発揮につながったかを書く

　③失敗した体験やネガティブな思い出は、どんな気持ちだったか、何が原因で失敗したか、そこから何を学んだかを書く

　④セクシュアリティに関することは、気づいたきっかけ、変化が起きたこと、印象に残っているエピソードを書く

　⑤中途採用の場合はこれまでの職務経験をすべて書き出す

■ ステップ2　モチベーショングラフをつくる

　経験を書き出したら、モチベーショングラフを作成します。たとえば「小学校のときは何をやっても調子がよかったが、中学生になったら急に消極的になってしまった」など、モチベーションの上がり下がりを線で描きます。

■ ステップ3　行動パターンを分析し、特性をつかむ

　自分史とモチベーショングラフから、行動パターンを分析します。「共通点」と「変化したきっかけ」の2つの観点から、共通して現れる行動・考え方の特徴を拾い、自分の強みや弱み、好きなことといった特性を言語化してつかみます。

自分史シートの例

幼少期〜小学校時代	・理科と国語が得意で算数と社会が苦手。将来の夢は科学者だった ・水泳、サッカー、中学受験のための習いごとをしていた ・中学受験の勉強を頑張ったが第一志望に落ちて落ち込んだ
中学校時代	・はじめて自分がゲイだと気づいたが、認めることができず、同時に周りから いじめられ、最終的には不登校になった（人間関係が苦手になった） ・入った剣道部もサボり、毎日ゲームをしていたが、そこで初めて カミングアウトをしたところ、認めてくれるオンラインの友人に出会った
高校時代	・自分を認めてくれる人は世界にたくさんいると知り、学校にも通えるように なった（ターニングポイント） ・不登校であったことをいい訳にしたくないと勉強に励み、学年トップの成績 になることができた（逆境を乗り越えた経験）
大学時代〜	・LGBTサークルの代表になった。ゲイであることを隠さずに話せる友人が たくさんでき、周りからは明るくなったといわれるようになった ・LGBT関連のボランティアに参加したり、ジェンダーの講義を大学で受け たりするようになった（自立して行動できる強みの発見） ・カフェのアルバイトを始めて、丁寧な接客や料理のスキルアップに励んだ 結果、お客様からの評判もよくなり、バイトリーダーになった

■ モチベーショングラフの例

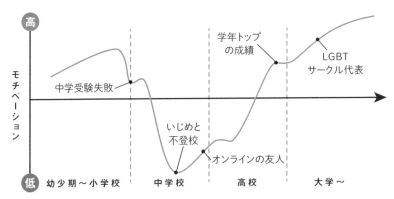

35

①共通点から特性をつかむ

幼少期から共通して現れる行動・考え方の特徴を拾い、共通点を探ります。

たとえば、小・中・高校時代が「無欠席」だったとします。これだけだと少しインパクトに欠けますが、現在でも「アルバイト欠席なし」「大学欠席なし」という複数の共通したエピソードが重なると、子ども時代から現在まで共通する「きちんとした人柄」「まじめ」「根気のよさ」という強みが浮かび上がってきます。

さらに、もう一段階掘り下げてみます。きっと体調を崩したり、休みたいと思うようなときもあったはずですが、どうして休まず出席したのかを振り返ることで、どんなモチベーションを軸に困難と向き合ってきたのかを見出すことができます。

②変化したきっかけから特性をつかむ

就活生の自分史づくりやモチベーショングラフの作成を手伝っていると、自身のセクシュアリティに気づいたりカミングアウトをしたタイミングなどが、本人の気持ちや行動の変化のきっかけになっていることがよくあります。

私自身、中学生時代に自分がゲイであることに気づき、同時に周りからのいじめにあって不登校となり、この時期が人生で最も低いモチベーションでした。

しかしそこから、自分のことを受け入れてくれる友人に出会い、大学ではLGBTサークルを通じてたくさんの当事者とふれあう中で、だんだんとモチベーションが上がっていきました。

こうした変化を分析することで、自身を受け入れてくれる周りの人との人間関係が自分にとって重要であり、「職場での人間関係が自分の人生に大きく影響を与えるんだ」という気づきを得ることができました。

また、LGBTサークルの中ではセクシュアリティを隠さずにいられたことで、心が軽くなり、性格も以前より明るく、人づき合いが楽しくなるようになりました。

そのことから、職場の中でもカミングアウトをした方が気持ちよく働けそうだ、またはカミングアウトをせずともそのことを気負わない職場であることが重要になるかもしれない、という自身の特性をつかむことができました。

もちろん、LGBTであるからといって、必ずしもセクシュアリティに関すること

が変化のきっかけになるわけではないですし、他の要素もたくさん人生に影響しているはずです。

　たとえば、受験の成功や失敗、部活やサークルでの経験、アルバイトをしたことや人との出会いなど、よくある例を紹介します。

「部活の大会で負けた悔しい思いをバネに練習し、次は入賞できた」

➡ 逆境をモチベーションにして力を発揮できる

「アルバイトをした飲食店で『ありがとう』といわれ、やる気がアップした」

➡ 人に役立つ仕事があっているかもしれない

「大学受験に失敗したが、気持ちを切り替えて部活動に打ち込んだ」

➡ ネガティブな状況でも、引きずらずに次のチャレンジができる

　一見平凡に見えるかもしれませんが、しっかり深掘りすれば、それは自分だけのエピソードになり、自分がどういう人間かを説明するときの説得力が増します。

LGBTについてのネガティブな経験は思い出すのも嫌です

　そんなときは、無理に書く必要はありません。もちろん、逃げたくなる自分を責める必要もありません。ただ、私もそうですが、思い出さないようにしていたネガティブな経験と向き合うことで、そうした過去との区切りをつけることができました。

　もし自分史に書き出してみようと思えたら、まずは自分だけに対して言語化できる部分からはじめるのがよいでしょう。

POINT

- これまでの経験を振り返って、印象に残っていることやエピソードを一通り書き出す
- 経験から導き出された自分の特性を言語化してみる

2 周りの人に自分の ことを聞いてみる

● ステップ1 周りに意見を聞いてみよう

　自分史が完成したら、周りの人に自分のことを尋ねる、他己分析をしてみましょう。他己分析をすることで自分の思い込みに気がつき、新しい特性を発見することにもつながり、社会における自身の特性がより明確になります。

　また、採用担当者にどのような印象をもたれやすいかを知るうえでも、他者が自分に対して抱く印象を知っておくことは重要です。人から聞いた話も、自分史シートに書き加えましょう。聞くときのポイントは次の2つです。

①自己分析を客観視してもらう

　まず、昔からの友人や、家族、親戚といった、自分の人生の変化全体を見ているような人に、自己分析を見て（聞いて）もらい、相手の認識と共通点やギャップがあるかを探ります。

- ・モチベーショングラフが変化したとき、周りからはどう見えていたか
- ・性格、長所、短所、印象に残っているエピソード
- ・どんなときに成長を感じ、どんな場面で活躍していたか（逆の場面も）
- ・（可能であれば）カミングアウトしている人としていない人の両方から聞く

　たとえ、もらった意見がネガティブなことだったとしても、謙虚に耳を傾けてください。

　また、モチベーショングラフの変化にセクシュアリティが関係しており、カミングアウトをしていない相手には聞きにくい場合もあるでしょう。その際はセクシュアリティにふれず「この頃は自分ってどうだった？」などと聞くと、客観的な印象を知

ることができます。

② 「第一印象」と「自己分析で導き出した自分」のギャップを知る

　次に、自己分析をもとに導いたいまの特性や自分の性格、価値観が、第一印象ではどのように映っているかを探ります。インターンシップなどで出会った友人や、OP訪問で出会った社会人に第一印象を尋ねてみるのもよいでしょう。

■ ステップ2 共通点とギャップを分析する

　次に、自分史シートと照らし合わせて自分の認識と相手の認識に共通点やギャップがあるかを見比べてみましょう。

　たとえば、自分の長所は「社交性」だと思っている人が、初対面の人からも話しやすい印象をもたれているとわかったら、自分の認識が独りよがりではないことがわかり、「社交性」に説得力がもてます。

　一方で、小学校時代、自分では「消極的」だと思っていたけれども、周りの友達は「優しい」と好印象にとらえていました。自分では短所と感じていた点が、人から見ると長所だと思われていることもあります。

　そのほかにも、カミングアウトをしている相手からは、明るくて何でも挑戦するタイプだと思われているが、カミングアウトをしていない相手には、冷静で控えめだと見られているという就活生がいました。

　カミングアウトの有無によって、人からもたれる印象や自分の気持ちに変化が生じることがあるのです。このことだけで、安易に「カミングアウトをした方がいいんだ」と決めつける必要はありませんが、覚えておくとよいでしょう。

POINT

- 初対面や出会って間もない人の第一印象も、貴重な情報となる
- 自分の認識と他者の認識の共通点、ギャップを知ることで、自己分析に磨きがかかる

3 自分の強みと弱みを自覚する

■ 特徴のネガポジ変換

これまでの自己分析にもとづき、自分の長所と短所を書き出してみましょう。短所ばかりが目につく人もいるかもしれませんが、短所と長所は表裏一体。見方や場面を変えることで、よい特徴にいい換えることができます。

またLGBTの中には、過去のトラウマなどから、自信を失ってしまっていたり、自己肯定感が著しく下がってしまっている人も少なくありません。このような精神状態では、本来長所といえるところを短所ととらえてしまうこともよくあります。

就活・転職の場面では、ネガティブすぎる表現や感情はマイナスに働いてしまうことがあるので、意識的にポジティブな表現に変えていくための変換例を参考にしてみてください。

■ エピソードのネガポジ変換

エントリーシートや面接では、必ずといっていいほど、挫折や苦労した経験について問われます（→107P、121P）。就活生や転職者の考え方や成長性を確かめたいという意図があるからです。特徴のネガポジ変換と同様に、しっかりと質問の意図を把握しポジティブに変換することで、大きなアピールポイントにつなげるチャンスにもなります。

セクシュアリティを強みに変換することはできますか？

セクシュアリティそのものを強みにするのではなく、LGBTであることで悩ん

だ経験などを通じて、自身の強みを説得力をもって伝えることはできます。

　たとえば、「人の気持ちをよく考えられるようになった」「人に優しくなれた」「多様な視点から物事を判断できるようになった」などです。これらは志望動機などにも活かせます（→98P）。

特徴のネガポジ変換の例	
ネガティブ	ポジティブ
暗い	冷静、周りをよく見ている
不器用	マイペース、忍耐強い
飽きっぽい	好奇心旺盛、新しいことに敏感
主体性がない	サポート力、共感力がある
コミュニケーションが苦手	一人の時間を充実できる
頑固	真面目、芯が通っている
心配性	慎重
わがまま	意志が強い
せっかち	決断力がある
細かい	丁寧
のんき	楽天的

エピソードのネガポジ変換の例	
ネガティブ	ポジティブ
学校でいじめられた	人の気持ちに寄り添えるようになった
いじめが原因で不登校になった	人生について考えるきっかけになった
上司からパワハラを受けた	主体的に動きたいと思うようになった

POINT

- 短所を意識的に長所ととらえてみる
- ネガティブな経験やエピソードもポジティブに変換できる

4 セクシュアリティのスタンスを考える

■ ステップ1 オープン／クローズドのメリットとデメリットを考える

　セクシュアリティをオープンにするのか、クローズドにするのかは、LGBTにとって悩むポイントです。就活・転職中と入社後、それぞれのタイミングでセクシュアリティをオープンにした場合と、クローズドにした場合のメリットとデメリットの一例をまとめました。

　これまでの自己分析の結果を振り返りながら、どちらが自分にとって最適かを考えてみましょう。一概に良し悪しを決めつけられるものではなく、しっかりと考えて判断することが大事です。

■ ステップ2 自分はどのようにありたいかを考えつつ、現実も見る

　Chapter 1でふれたように、就活中、内定後、入社後のいずれのタイミングでもカミングアウトはできます。明確に「オープンにして働きたい」という意思をもたない場合や悩んでいる際は、カミングアウトをせずに選考を受け、入社して様子を見て決めることもできます。

　また、複数のインターンシップ先でオープン／クローズドの両方を試してみることや、エントリーする企業によってオープン／クローズドのスタンスを変えてみることもおすすめです。決めきれずにモヤモヤした気持ちのまま何となく時間が過ぎてしまったり、場に流されて決めてしまったりすると、後悔する可能性が高いです。

　オープン／クローズドのどちらかを推奨するつもりはありませんが、「オープンにして働きやすくなった」「パフォーマンスが向上した」という話も多く聞いてきたからこそ、はじめから選択肢を狭めずにこれからつくるキャリアプラン、ライフプランもふまえて、できるだけ広い視野をもって考えてみてほしいと思います。

		メリット	デメリット
就活・転職中	オープン	・LGBT関連の活動や自身の体験を正直に話せる ・LGBTに関する質問がしやすくなり、会社のLGBTに対する考え方や理解度、取り組みを知りやすくなる	・理解のない企業だった場合、本来の仕事の話ではなく、LGBTの話によりがちになったり、低評価につながる恐れ ・アウティングのリスク
	クローズド	・LGBTの理解や知識の乏しい企業に、変わった印象を与える心配がない ・本来、就活・転職とは関係のないセクシュアリティについての質問を避けられる ・入社後の様子を見て、カミングアウトをするかどうかを決められる	・エントリーシートや面接でつじつまが合わなくなる恐れ ・面接官に嘘をついていると思われる可能性 ・LGBTに関連する研究や、LGBTサークルでの活躍をアピールしにくい ・性自認にあった服装、身なりがしにくい(T)
入社後	オープン	・隠すことに神経を使わず、本業に力を発揮でき、人間関係が円滑になる ・LGBTに関連した相談がしやすくなる ・性自認に合った設備を利用しやすくなる(T)	・知らぬ間に噂になるなどアウティングのリスク ・からかい、いじめなど、人間関係が悪化する可能性
	クローズド	・LGBTの理解や知識の乏しい職場に、変わった印象を与える心配がない ・プライベートを必要以上に知られることがない ・職場の様子を見て、カミングアウトをするかどうかを決められる	・彼女/彼氏いるの?など無意識に異性愛者前提の会話になる(LGB) ・性自認にあった設備が使用できない(T) ・性自認に合った服装や身なりをしにくい(T)

POINT

- オープン／クローズドのメリットとデメリットをふまえて考える
- オープン／クローズドの判断は自分自身でする

5 キャリアプランと ライフプランをつくる

■ ステップ1 ワークライフバランスを考える

いよいよ、自己分析の結果を総動員して、キャリアプランとライフプランをつくります。まずは「仕事」と「生活」の2つの観点から、下記を参考にワークライフバランスを考えてみましょう。これ以外にも、自由に書き出してみてください。

仕事 に 対 す る 価 値 観

残業はないほうがいい —————————————— 残業はあってもいい

給料が高い（忙しくてもOK）————— 給料はほどほど（忙しさもほどほど）

転勤してもかまわない ————————————— 転勤は避けたい

社会的評価が高い仕事がよい ———— 自分のやりたい仕事にこだわりたい

人間関係は密接でもいい ————————— 人間関係はドライな方がいい

LGBTフレンドリーな会社で働きたい —— LGBTフレンドリーかは重要でない

性自認にあった服装を希望する ————————— 服装にこだわりはない

生 活 に 対 す る 価 値 観

パートナーと家庭をもちたい ————————— 家庭をもつことは考えていない

趣味を謳歌したい ————————————————————— 趣味はない

プライベートはオープンでいたい ————— プライベートはオープンにしない

（養子など含め）子どもを育てたい ——————— 子どもは考えていない

友人との時間を大切にしたい ———————— 友人よりも仕事を優先したい

親の介護は自分でしたい ———————— 自分ではしない・考えていない

● ステップ2 キャリアプランとライフプランをつくる

次に、1年後、3年後、10年後のキャリアプランとライフプランを具体的に書き出してみましょう。「まだ働いたこともないのにわからない」という人もいるかと思います。「何がしたいか」が描きにくければ「どういう人でありたいか」を考えてみてもよいでしょう。

ここでは、ゲイの就活生とトランスジェンダーの転職者のキャリアプランとライフプランの例を紹介します（→46〜47P）。

同性パートナーとの将来を描けません。家庭をもつことはできるでしょうか？

2020年の時点で、日本に同性婚は存在しておらず、結婚やパートナーとのライフプランを描くのが難しいLGBTは多いでしょう。

しかし、渋谷区をはじめ同性パートナーシップを認める自治体が増えています。国際的な流れからも、近い将来日本でも同性婚が認められる時代がくることは間違いありません。

法的に同性婚が認められていないにせよ、パートナーと事実婚状態で暮らしたり、精子提供を受けるレズビアンカップルや、代理出産で子どもをもつゲイカップルの家庭も増えてきています。

ですので、「LGBTだから」を理由に、自分は結婚もできない、子どももてない、一生孤独なんだとあきらめることはありません。大切なことは、もし将来家庭をもちたいと思っているなら、人生の選択肢を安易に狭めることなく、自分の希望を前提としたキャリアプランとライフプランをつくることです。

POINT

- ■「仕事」と「生活」の両面から自分の価値感を考える
- ■ 近い将来のキャリアプランとライフプランを具体的に書き出す

		1 年 後	3 年 後
ゲイの就活生	キャリアプラン	カミングアウトをせず、まずは社内の様子をみる。ただ、ホモネタや、恋人への執拗な詮索があると自身のパフォーマンスが落ちるため、人間関係にストレスを感じないLGBTフレンドリーな会社を選ぶ。発想力という強みを活かし、将来的に独立を考え、仕事に集中できる環境で、忙しくともスキルが身につく営業の仕事を広告業界でする。	3年間広告営業の仕事をして、企業が何を求めているのかを現場を通して学ぶ。その経験を活かして、マーケティング部門に異動し、企業の考えをくみ取りながら、消費者の心を動かす広告をプランニングしていきたい。異動のタイミングなどで、社内でもセクシュアリティをオープンにして働きたい。
	ライフプラン	仕事一筋でスキルアップを目指し、自主学習の時間をとったり、仕事に関係のある人脈を増やす。パートナーや友人、趣味の時間は減らすが、学生のころから参加しているLGBTのイベントボランティアには、引き続き参加していきたい。	マーケティング部門に異動したてのころは、わからないことも多いため、引き続き自主学習などに取り組みたい。ただ、営業のころよりは自分の時間もできるため、パートナーとの時間も大切にしていけるよう、同棲を考えたい。自分の家族にもカミングアウトして、パートナーを紹介する。
トランスジェンダーの転職者	キャリアプラン	前職ではトランスジェンダーであることを伝えずに男性として入社したが、その後女性として働けないかと相談するも拒否され、転職を考えた。治療の経過に合わせて、転職から半年後には女性として働きはじめたい。治療のこともあるので、仕事が安定して、通院の時間なども取れるLGBTフレンドリーな会社は絶対条件。そのうえで、前職のキャリアアドバイザーの経験も活かしたい。	会社でも自分らしく、女性社員として当たり前に活躍していたい。そのうえで、これまでプライベートを優先してきたが、仕事にも集中し、性別適合手術のための貯金を増やすためにも、キャリアアップをする。ただ、自分の時間は確保したいので、休みはちゃんととる。仕事の結果を出し、トランスジェンダーとして職場でつらい思いをした経験から、人事への異動を目指す。
	ライフプラン	ホルモン治療を開始して、私生活でも仕事でも性自認である女性として生きていきたい。今はまだ自信がないが、ファッションやメイクについて学ぶ時間もつくり、半年くらいで少しずつ女性としての自分に自信をもっていけるようになりたい。	性別適合手術を目指して資金を貯めつつも、これからは女性として自信をもつために時間やお金を使うのではなく、女性としての人生をありのままの自分で楽しむために時間を使う。友人たちとの時間もつくりつつ、趣味の映画や美術館巡りなどゆっくりとした時間を過ごす。

5 年 後	1 0 年 後
営業でも、マーケティングでも5年間でしっかりと成果を出し、マネージャーとして、自分のチームをもちながら、組織を大きくすることに貢献する。本格的に独立を見据えて、採用から経営管理まで、幅広い業務に関わる。会社のダイバーシティ推進も別のプロジェクトとしてトライしてみたい。	企業を相手とした営業経験、企業のニーズを満たしながら消費者の心を掴むマーケティング経験、組織をつくるためのマネージャー経験。これら3つの経験を活かして、自身の広告・PR会社をつくり独立する。LGBTやさまざまなマイノリティが当たり前に登場するような広告を提案していきたい。
パートナーシップを結び(同性婚が認められていたら同性婚)、会社の福利厚生で、家族として認めてもらう。友人との時間や、趣味の旅行など、私生活も充実させていきたい。また独立に向けて、ビジネスの人脈も増やしていく。	パートナーと、養子を迎え入れて子育てをする。家族で安定して住める家や車を購入し、自分が子どものころにはなかった、にぎやかな家庭をつくる。LGBTの子どもたちのロールモデルになるような社会人でいると同時に、親になりたい。
人事としてキャリアを積み、採用だけでなく、会社の人事制度や評価制度、組織戦略を描けるようになりたい。そのうえで、LGBTだけでなく、障がい者や外国人など多様な人材が活躍できる会社をつくるため、ダイバーシティ担当になる。フリーランスを目指して、個人でベンチャー企業の人事の仕事にも挑戦したい。性別適合手術のための長期休暇も申請する。	フリーランスの人材コンサルタントとしていろいろな中小企業のアドバイザーになる。キャリアアドバイザーとして、求職者と触れ合ってきた経験に加えて、企業の中で人事をしてきた経験を活かし、双方の視点から、社会に求められるすばらしい組織を日本にたくさんつくっていきたい。また、フリーランスとして、場所や時間に縛られない自由な働き方を実現する。
性別適合手術も行い、名前も戸籍もすべて女性として、思いっきり人生を楽しむ。今までは、節約ばかりしていたため、これからは、スキルアップのための自主学習や視野を広げるための語学の勉強など、一層自分磨きをしていきたい。また、自信をもってビジネスの人脈も築いていきたい。よきパートナーとの出会いも期待したい。	パートナーと結婚をして、安定した関係を結びたい。子どもをもつことは考えていないため、老後も自分で自分の面倒を見られるようになっておきたい。貯金はもちろん、マイホームを買ったり、投資をしたり、パートナーに財産を残せるようにトランスジェンダーでも入れる保険などには入っておきたい。

いっちゃんさんの場合

● 就活スタート、セクハラから自分のセクシュアリティを自覚

地元から上京して、都内の大学に通う理系の4年生です。私は大学3年生の春から就活を始め、今は内定先でインターンをしています。

はじめは、「好きなことを仕事にしたい」という思いでエンタメ業界への就職を考えていました。そこで、エンタメ業界の合同説明会や交流会に参加するだけでなく、イベントのお手伝いやインターンを経て、実際に働く現場をたくさん見ることにしました。これは後に、「話せる実体験」としてとても役立ちました。

また、自分なりの就活・会社選びの軸が必要であると考え、大学の友達に教わった就活支援プログラムへの参加や、人事の方や就活仲間、社会人の先輩へ話を聞く機会を利用して、ヒントを探していました。

そんな折、ある社会人の先輩とお話ししたときに嫌な経験をしました。「彼氏いるの?」「好きな人は?」「ハグとかキスしたいとか思わない?」といったセクハラに当たる矢継ぎ早の質問にすべて「いいえ」で答えると、「そういう人知り合いにもいるよ、Aセクシュアルじゃなかったっけ?」といわれました。

● セクシュアリティは働くうえで考えるべきこと?

自分の性のあり方に名前があると知った私は、最初は少し動揺していました。自分のセクシュアリティとどう向き合っていくべきなのかを知るきっかけになればと思い、大学内にジェンダーやセクシュアリティを扱うコミュニティセンターがあったため、顔を出すようになりました。

そんな中、たまたまLGBTの先輩社員に話を聞ける会があることを知り、参加してみることにしました。

一人は職場でも完全にオープンにしている方で、もう一人の方は一切セクシュアリティを明かすことなく、「お金を稼ぐためと、割り切って働いている」と明言していました。

セクシュアリティをオープンにするかどうかを含めて、仕事に求めることは人

それぞれだということを改めて思い知る機会となりました。

　私にとって、仕事と生活はものすごく密着しているものだと思っていたので、「会社では仕事だけ」と割り切って働き続ける方がいることはとても衝撃的でした。

　それから、いくつか紹介されたLGBTフレンドリーな企業を調べてインターンに申し込んでみたりもしましたが、結局のところピンとくるものはなかったこともあり、LGBTフレンドリーであることは自分の企業選びの第一条件としなくても良いのだ、と思い至りました。

　まずは「自分がやりたいこと」を軸に。そして、プライベートな質問への返答も軽く流してくれるような人がいる職場だったら、きっと自分は心地よく働くことができるだろう、という程度に位置づけることにしました。

■ 自分を知れば、自己アピールもスムーズ

　自分なりの就活の軸をじっくり決めたおかげで、その後の企業選定、自己アピールはとてもスムーズに行きました。私は過去の実績に加えて、「どういう自分になりたいのか」を話すことにしました。

　生涯現役で働きたいという思いは、最初から私にあったことでした。ただ、Aセクシュアルであることを知っていただくことで、パートナーの有無に左右されない将来像について、説得力をもって説明できたことは強みになったのではないかと思います。

一言メッセージ

　就職活動は、自分自身を企業にアピールすることはもちろん、自身と企業との方向性のマッチングだと考えています。そのため、自分自身のことを知って、会社選びにおける優先順位を探し、「働くとはどういうことか」を考えてみてほしいです。みなさんが輝ける職場に出合えることを心から祈っています!

つっくんさんの場合

■ 就活はしんどくも、自分を成長させてくれるよい機会だった

　FtMのつっくんと申します。私は性同一性障害の診断を受けていますが、現在のところホルモン注射等の性別移行の治療はせずに、戸籍上は女性として暮らしています。

　自分の性別の違和感に明確に気づいたのは、高校生になってからです。家族や友人には打ち明けてはいますが、家族との関係上、治療をしないという選択をして暮らしています。

　いま振り返ってみると、就活や転職は大変でしんどいことも多かったのですが、自分自身と向き合い、自分を成長させてくれるとても良い機会でした。私の話が少しでもみなさんの役に立てば嬉しいです。

■ 声とスーツとカミングアウト

　新卒から現在まで3社を渡り歩いてきました。最初はネット通販の企業でMD（マーチャンダイザー）を務めたのち、人材サービス企業にて営業を経験しました。現在はアパレル企業の店長としてやりがいをもって働いています。

　就活・転職のときの悩みは、声が高かったことです。私は、見た目では男性として見てもらえるのに、声を発すると女性と認識されてしまいます。

　また服装に関しても、スーツを着る機会が多く、その際はどうしても女性物のスーツを着ることが受け入れられず、男性物のスーツを着ていました。

　この時点で、カミングアウトをしないと企業側には怪しい目で見られてしまうと感じていたため、どのような会社であろうと、エントリーシートの段階でカミングアウトをする決断をしました。

　面接官に心ないことをいわれ、正直傷ついたこともありました。けれど、就活時にカミングアウトをして良かったと心から思っています。

　それは、カミングアウトをして入社すると、より心のストレスなく働くことを楽しめている自分がいるからです。

● 自分の軸をもち、自分を受け入れよう

今まで計3回の就活・転職を経験してきて、一番大切だと思ったのは、焦らずに自分の「軸」をしっかりもち、自分自身を受け入れることです。

まだまだLGBTに関して、知識をもっていない企業や採用担当者が多く存在しているのは事実です。

しかし、セクシュアリティに関係なく、自分の「軸」をしっかりもち、また自分と向き合っていることを伝えれば、理解し、受け入れてくれる企業はたくさんあります。

私には自分の性を受け入れることができない時期があり、自分の心に嘘をついて面接にのぞんでいた時期がありました。

しかし、その時期はいくら活動してもうまくいかず、面接官には簡単に見抜かれてしまうものだな、と痛感しました。

現在の会社を選んだのは、自分のやりたいことの軸と会社の理念が一致し、また私のセクシュアリティをひとつの個性だと受け入れてくれたからです。

入社時は社内の全員がLGBTについての理解が深かったわけではなかったので、自らLGBT勉強会の主催もしました。

こうした機会を与えてくれる現在の会社には感謝しています。

一言メッセージ

私が社会に出てから約6年。LGBTを取り巻く環境はポジティブな方向に向かっています。就活を行う中で、しんどくなってしまうこともあるかもしれません。しかし、自分の心には嘘をつかず、ぜひ正直になってほしいです。そうすれば、わかってくれる人、理解してくれる企業は必ず見つかると信じています。

ストーンウォール事件

　2019年6月、LGBTの権利運動に大きな影響を与えた「ストーンウォール事件」の50年を迎えました。これに際し、アメリカ・ニューヨーク市警は、「当時の市警による取り締まり行為は、差別的で抑圧的だった」とLGBTに対して行った不当な捜査について、初めて公式に謝罪を表明しました。

LGBTによる公権力へのはじめての抵抗運動

　事件の発端は1969年6月。ニューヨーク市グリニッチビレッジにある人気ゲイバー「ストーンウォール・イン」に突如、市警が強制捜査を行い、店内の客や従業員を次々と逮捕したのです。以前から同店への度重なる取り締まりに不満をつのらせていた店内・店外の同性愛者らがこれに反発し、暴動が発生。市警と同性愛者の衝突は数日間にわたり、多数の負傷者を出す大きな事件に発展しました。

　当時のアメリカ全域では、同性間性交渉を禁止する法律（通称：ソドミー法）があり、性的指向を理由とした解雇も違法ではない、という時代でした。こうした社会情勢の中、ストーンウォール・インでの抵抗は、歴史上初めてとなるLGBTによる公権力への明確な抵抗運動だったといえます。

プライドパレードの誕生

　この事件をきっかけに、その後数々のゲイの人権団体が誕生しました。そして、ストーンウォール事件からちょうど1年後の1970年6月、ニューヨークではじめてのデモやパレードが行われました。

　そして、50年という歴史的節目を迎えた2019年には、約15万人がパレードに参加し、世界中から数百万人もの観衆が訪れました。

　今日では、パレードは世界各地に波及し、日本では毎年4月にプライドパレードが開催されています。

業界・企業分析

自分に合った
企業を見極めよう

ANA
LYSE

LGBTフレンドリーな
企業の取り組み

● **LGBTフレンドリーな企業とは？**

　企業の従業員がLGBTであることのカミングアウトをしている・していないにかかわらず、LGBTが働きやすい職場づくりに取り組んでいる企業のことを「LGBTフレンドリーな企業」とよんでいます。

　こうした企業活動の背景には、LGBTだけを特別扱いするのではなく、LGBTを含むすべての人にとって、平等な制度や環境づくりをしていこうという各社の意識があります。

　海外ではアメリカのヒューマン・ライツ・キャンペーン財団（HRC）が、日本国内ではwork with PrideやJobRainbowが、企業のLGBTに対する取り組みを独自の指標で評価しています（→186P）。

　しかし、企業自身がLGBTフレンドリーと表明していなくても、LGBTフレンドリーな取り組みを行っている企業、これから取り組みをはじめようとしている企業は数多くあります。

　ここでは、代表的なLGBTフレンドリーな取り組みを紹介します。また、この他にも独自の取り組みを行う企業も多数あります。くわしくは、特別付録を参照してください（→188～205P）。

　また、「取り組みをしていない」＝「LGBTフレンドリーではない」と決めつけてしまうのは早計です。

　こうしたこともあくまで判断材料のひとつととらえ、自分のやりたいことを軸に仕事を選ぶ姿勢が大切です。

■ 差別禁止規定や福利厚生など、制度面での取り組み

社内規定や福利厚生などの制度面で、<u>異性婚と同等の権利付与やトランスジェンダーをサポートする仕組み</u>があります。

- **差別禁止規定**：国籍・年齢・性別などと同様、性的指向や性自認についても明記したうえで、それらにもとづく差別禁止を規定している。
- **福利厚生**：結婚・育児・介護休暇、同性パートナーと子どもに対する家族手当、社会保険の一部負担など、同性同士の婚姻関係を認め、異性婚と同等の権利を与える「パートナーシップ制度」、トランスジェンダーに対しての「性別適合手術休暇」などがある。健康診断にも配慮がなされている。

■ 不自由なく過ごせる、設備面での取り組み

プライベートな空間である<u>トイレや更衣室といった設備面の取り組み</u>は、トランスジェンダーにとって重要なポイント。会社訪問時に確かめてみましょう。

- **トイレ**：男女の区別がない「だれでもトイレ」や「オールジェンダートイレ」の設置。性自認に合わせたトイレの利用を認めている企業もある。
- **更衣室**：性自認や時間交代制での利用、個室更衣室完備の企業もある。

■ 居心地が悪くならないようにする、環境面での取り組み

誰からもカミングアウトを強制されないことを大前提として、<u>職場の雰囲気や人間関係</u>といった、目に見えない部分の理解を促す取り組みです。

- **LGBT研修**：管理者向け、顧客対応など、さまざまな職務の従業員の理解を促すことが目的。
- **LGBT相談窓口**：制度ではカバーしきれない個別の要望や悩みに対応。
- **当事者やアライのコミュニティ**：従業員同士の親睦や社内勉強会の主催、LGBTイベントへの出展などの活動がある。LGBTを理解し支援するアライのコミュニティもある（→174P）。
- **LGBTイベント出展**：東京レインボープライドをはじめ、日本各地のイベントに

出展。ブースの設置やオリジナルグッズなど、企業により特色がある。

　こうした企業の取り組みをチェックできる、JobRainbow独自の「働きやすさ指標」を紹介します。Chapter 8の「働きやすい職場に変える方法」（→170P）でもふれていますが、全24項目のそれぞれについて「○：できている」「△：できていないが取り組みやすそう」「×：できていない」の3段階でチェックをつけてみてください。

働きやすさ指標	
行 動 宣 言	研 修
差別禁止の規定がある	LGBT研修受講済み（人事）
経営トップメッセージ	LGBT研修受講済み（役員）
LGBTへの社会課題を訴えている	LGBT研修受講済み（管理職）
LGBT向けの採用イベントに出展	LGBT研修受講済み（全社員）
人 事 制 度	当事者コミュニティ
同性パートナーシップ制度がある	カミングアウトしている社員がいる
性別適合手術などのための休暇がある	トランスジェンダーの社員がいる
性自認に合わせた施設が利用できる	社内に当事者のコミュニティがある
LGBTの相談窓口がある	社内にアライの活動がある
働 き 方	Diversity!
服装・髪型が自由	女性が活躍している
男女別の制服がない	外国人が活躍している
通称名が使用できる	障がい者が活躍している
転勤がない	シニアが活躍している

　LGBTの取り組みに加えて、女性や外国人、障がい者、シニアの活躍に力を入れているかなど、ダイバーシティ全体への姿勢もチェックしておきたいところです。キャリアプランとライフプランに合わせて、転勤の有無なども見てお

くとよいでしょう。

LGBTフレンドリーな企業はLGBTを優遇して採用しているのでしょうか？

LGBTフレンドリーだからといって、LGBTを特別採用することはありません。あくまで選考でセクシュアリティがマイナスの要素にならないことが明確なだけです。企業が求めている人材は、「自社で成果を出してくれる人材」であって、セクシュアリティは仕事内容に関係ないからです。

LGBTに配慮した取り組みは、あくまで働く条件のひとつであることを心に留めておきましょう。

LGBTフレンドリーな企業は大手企業だけでしょうか？

そんなことはありません。大企業、中小企業問わず、誰もが働きやすい職場づくりに積極的に取り組む企業は増えています。

むしろ、従業員数の少ない企業ほど、変革のスピードも速く、企業理念や風土が従業員に伝わりやすい傾向もあります。

中小企業でも、経営者に理解があり、職場にダイバーシティを尊重する文化があれば、制度や福利厚生が整っていなくとも、LGBTが働きやすい環境かもしれません。具体的な制度や福利厚生が整っていることだけが、LGBTフレンドリーではありません。

戸籍変更を済ませたトランスジェンダーや同性パートナーをもつ予定がないLGBなどは、制度よりもむしろ人間関係や職場での理解があれば十分だという人も多いでしょう。

キャリアプランとライフプランに合わせて、自分に合ったLGBTフレンドリーの度合いを考えましょう。

1 情報収集して 業界と職種を知る

■ 情報には、一次情報と二次情報がある

　自分らしく働くためには、業界・企業についての情報収集は必要不可欠です。情報を効率よく収集するために、まずはどのような種類の情報があるかを知っておきましょう。

　情報には大きく分けて「一次情報」と「二次情報」があります。

　一次情報は、インターンシップやOP訪問など直接的に企業の当事者から得られるものです。二次情報は、就職・転職サイト、キャリアセンター、口コミなど、インターネットや部外者の価値観を通して間接的に得られます。

　二次情報の方が格段に入手しやすいものの、就活・転職で圧倒的に重要なのは、自分の目で見て確かめた一次情報です。

　とくにLGBTフレンドリーな企業であるかどうかを重視する場合、この2つの情報をしっかり集めないと、いざ就職してから「思っていた職場環境と違った」という状況になりかねません。その点もふまえて、上手な情報収集の方法をお話しします。

■ まずは、二次情報を集めて業界や職種の絞り込みをしよう

　いきなり一次情報を集めようとしても、星の数ほど存在する企業の社員に毎回会って話を聞いていては、効率が悪すぎます。まず、自分のキャリアプランを軸に、業界・職種をいくつか絞り込みましょう。

　そのうえで、ライフプランとも照らし合わせて、働く場所はどこか、やりたい仕事ができるか、給与はどれくらいか、休みは取れるのか、若手に裁量があるのか、などの軸で企業をピックアップします。

　LGBTフレンドリーであるかどうかを重視する場合は、「働きやすさ指標」（→56P）をチェックしたり、企業のウェブサイトなどを見てみましょう。

　LGBTについて情報開示をしていなかったとしても、たとえばダイバーシティについてのページがあれば、多様性への考え方を知るヒントとなります。

　少なくとも職場環境向上を意識しているということは、プラスの材料ととらえることができるでしょう。

■ 業界と職種の両方から企業を絞る

　業界とは産業や商業の種類で分類したものを指し、職種とは行う仕事の種類を指します。どんな企業もひとつ以上の業界に属していて、さまざまな職種を含んでいます。

　就活では、熱意や適性から選ぶことが多いので業界を軸に、転職はスキルや能力から選ぶことが多いので職種を軸にする場合が多いです。「この業界が好きだから」や「自分のスキルや得意なことはこの職種で活かせるから」という理由で絞るのもありですが、業界と職種のどちらか片方だけに絞り込みすぎると後から軌道修正がしにくくなることもあるので、気をつけましょう。

業界・職種の例	
業界（熱意・適性）	職種（スキル・能力・適性）
メーカー	営業
小売	企画
サービス	広報
情報通信	技術
商社	管理
金融	経理
マスコミ	労務
官公庁・公社・団体	公務員・教員

どの業界にもLGBTフレンドリーな企業は存在します。ただ傾向として、IT業界はグローバルで事業を展開していたり、比較的年齢が若く、実力主義の風潮があることから、LGBTフレンドリーな企業が多い印象です。

また同じような理由から、外資系企業も多様性を受け入れる風土が整っている傾向があります。

業界も職種も、LGBTだから向き・不向きが出ることはありませんが、下記のようにLGBTならではの経験が強みとなりうる仕事もあります。ただ、「活かせるから」「受け入れてもらえるから」という理由で志望するのではなく、自分がやりたい仕事ができるかを軸に選ぶことが大切です。

● LGBTならではの経験が活かしやすい業界・職種

参考として、LGBTの経験が活かしやすい主な業界・職種を紹介します。

- **教育機関**：LGBTの学生をサポートする大学や専門学校が増えており、相談窓口を担うことができる
- **行政機関**：同性パートナーシップを導入する自治体も増えており、LGBTの市民の対応などに理解をもって接することができる
- **不動産**：差別されることもある同性カップルの部屋探しの相談にのったり、トランスジェンダーでも使いやすいお手洗いの提案などもできる
- **保険**：トランスジェンダーが入れる保険は限られていたり、同性パートナーを保険金受取人に指定できない場合があるため、新商品の提案ができる
- **ブライダル**：結婚式を挙げるLGBTに向けて、新しいプランを考えられる
- **ファッション**：ジェンダーにとらわれない服装の提案や、靴や服のサイズが合いにくいトランスジェンダーに向けた商品開発ができる

● 最後の決め手は一次情報

二次情報から企業をある程度絞り込んだら、今度は一次情報を集めていき

ましょう。最終的に選考を受けるかどうかという判断から、どの企業に入社するかという決断まで、重要な意思決定に関わるのが一次情報です。

　一次情報の集め方や気をつけるポイントについて、以下の節でまとめているので、よく読んでから取り組みましょう。

- 合同説明会（→70P）
- OP訪問など「社員の声」の集め方（→72P）
- インターンシップ（→80〜87P）

LGBTについて質問をすると、相手にLGBTであると思われないでしょうか？

　LGBTについての質問をしても、それほど気にすることはありません。なぜなら最近は、LGBTだけでなく、セクシュアルマジョリティからもLGBTに関する質問をすることが増えている傾向にあるからです。

　どうしても気になるときは、「御社のダイバーシティへの取り組みについて知りたいのですが、たとえばLGBTについてはどのようにお考えなのでしょうか？」というように、少し遠回しに聞くこともできるでしょう。

　余談ですが、こうした質問を受けることが増えた結果、LGBTに取り組んでこなかった企業の人事の意識が変わり、LGBTフレンドリーな取り組みをはじめたという事例がありました。少しの勇気が企業を変えることもあるようです。

POINT

- 二次情報から業界や職種を絞り込み、一次情報で具体的な企業選びを進めていく
- 合同説明会やインターンに参加し、さまざまな角度から一次情報を集める

2 企業情報の見極め方

■ おさえておくべき企業情報のポイント

　企業情報とは、業界、事業内容、従業員数、福利厚生、沿革、過去の業績、今後の展望など、いわば企業のプロフィールです。どの企業の選考を受けるのかを見極めるうえで、必ず調べることになります。

　みなさんの中には「とにかくLGBTフレンドリーかどうかだけを知りたい」と考え、企業情報を調べることをすっ飛ばしている人も、もしかしたらいるかもしれません。

　しかし、企業情報を調べないで採用選考にのぞんでも、<u>なぜその企業を志望するのかを説得力をもって説明することはできません。</u>「LGBTフレンドリーだから志望しました」と伝えても、採用担当者からすると「でしたら、うちではなく他のLGBTフレンドリーな企業でもよいのでは?」と思われてしまう可能性があります。

　こうならないためにも、志望する企業の情報を調べることは欠かせません。ここでは、おさえておくべき企業情報のポイントを解説します。

■ 事業内容と今後の展望を知る

　事業内容は、<u>What、Who、How、Futureの視点から確認するとよいで</u>しょう。

・**What:業界の特徴、業界シェア、事業内容**

　どんな業界で、どんな事業を行っているかという基本となる情報です。

・**Who:誰に向けてどんなサービスをしているか**

　同じ業界内の企業同士でも、B to B企業（法人顧客向け）かB to C企業（個

人顧客向け）かによって、企業・職種の特性が異なります。B to C企業は知名度があるので就活生や転職者が集まりやすい傾向にありますが、知名度と企業の安定性は必ずしも一致しません。B to B企業の場合、世間的には知名度が低くても堅調な企業がたくさんあります。

・How：どのように目的達成をしているか

　企業の目的の達成の仕方が、自分の価値観と共鳴するかという視点でみてみます。たとえばメーカーといっても、大量生産・大量消費のモノづくりを目指しているのか、一点集中の長持ちするモノづくりを目指しているのかで、大きく異なります。

・Future：今後の展望

　投資家向けの「説明用プレゼン資料」の中に、企業の現状だけでなく中・長期的な展望も記載されていることがあります。What、Who、Howは、エントリー前に知っておくべき最低限の情報なので、他の就活生や転職者も調べています。ですが、志望企業の今後の展望まで調べている人は少なくなるのでまわりの人と差をつけられます。

　1、2年で転職することをあらかじめ考えていないのであれば、5年、10年、もしかしたらそれ以上の期間、働くかもしれない企業が中・長期でどのような未来を描いているのかを知ることは、自身のキャリアプランやライフプランを形成するにあたって必ずチェックしなくてはならないポイントです。

　最近では、中・長期的なダイバーシティ推進を重要な経営戦略としている企業も増えており、現状の取り組みに不満があっても、これから改善されていく可能性が高いとも考えられます。

　企業のサイト、IR情報、経営者が書いた本、業界紙を参考に、世間的な知名度にとらわれず成長している企業かどうかを見極めましょう。

■ 働く環境を知る

　必ずおさえておきたい情報はこのような項目です。

・基本情報

　年収、有給取得率、平均残業時間、離職率、平均年齢などです。とくに、

離職率が高く、平均残業時間が長い企業は要注意です。

・制服の有無・服装規定

　企業として定められている身なりが、あるかどうか確かめます。制服がある場合は、更衣室の環境もチェックしたいところです。

・ダイバーシティ、LGBTフレンドリーの取り組み、職場の雰囲気

　LGBTフレンドリーの取り組みが公表されていなくても、平均年齢が低かったり、男女比に偏りがなく、女性の活躍推進、障がい者・外国人採用などに積極的であると、多様性に対して寛容である可能性が高いです。

　OP訪問やインターンシップといった一次情報で確認しましょう。

・福利厚生、転勤の有無

　一般的に、大企業ほど住宅手当などの福利厚生は充実している傾向がありますが、最近は中小やベンチャー企業でも独自の制度を提供しているところが増えています。

　同性パートナーにとって、異性婚と同じ福利厚生が受けられるかや転勤の有無は、ライフプランにも大きく影響するので、必ず確かめましょう。

　福利厚生が充実していないからといってマイナスというわけではなく、それでも人材を引き寄せることができる魅力的な企業であったり、福利厚生が少ない分給料に反映している企業であるという見方もできます。

　<u>自分が望むキャリアプランとライフプランの軸と照らし合わせて、妥協できないポイントを中心に確かめましょう。</u>

■ 選考の情報

　今後の大まかな流れを知り、スケジュールをおさえておきましょう。

・選考のスケジュール、エントリー方法

　インターンシップ、説明会、エントリー開始時期と締切のタイミングを調べておきます。「エントリーシートや履歴書などの必要書類の提出が間に合わなかった」ということにならないよう計画を立てましょう。

・どんな人材がどんな活躍をしているか

　先輩社員のインタビューや業界の動向から、どんな人材が活躍しているかを

確認します。一方、これまでの採用傾向が今年も続いていくという保証はないことも想定しておきます。

就活・転職サイト、人材エージェントはどのように活用すればよいですか？

それぞれの特性を知ったうえで、使い分けるとよいです。

就職・転職サイトは、どのサイトを選ぶかが案外大切です。各サービスの特徴をつかみ、探したい企業の性質に合わせて上手に使い分けます。

数万社もの企業が常時掲載されているサイトから、企業数は少ないものの丁寧なサポートや内定確率の高い求人が掲載されているところまで、多種多様です。

人材エージェントは、就活生・転職者一人ひとりに専任のキャリアアドバイザーがついて、企業選びから内定までのサポートを無料でしてくれるサービスです。

就活生・転職者に合った企業の紹介や、エントリーシート、面接対策など、プロの指導や客観的な意見をもらえるメリットがあります。

一方、自己分析がしっかりできていないと、エージェントの提案に乗るがままの就活・転職になってしまう恐れがあります。

エージェント企業は就活生・転職者の内定率を上げることが企業利益に直結していることを知ったうえで、上手に利用しましょう。

POINT

- 企業情報をWhat、Who、How、Futureの視点でしっかりと深掘りする
- 自分の知っている企業だけから選ぶのではなく、多角的な視点から企業情報を集める

3 志望度の高い企業の研究シートをつくる

▪ 志望度の高い企業の情報をまとめる

ここでは、さまざまな情報源から収集した情報を整理・分析するために、企業研究シートの作成例を紹介します。

右のように一枚のシートに情報をまとめると、今後インターンシップやエントリーシート、面接などさまざまな場面で活用することができます。一度に完成させようとせず、日々得られた情報を少しずつアップデートしていくとよいでしょう。

また、前節でお話ししたように「LGBTフレンドリーだから」「ダイバーシティに取り組んでいるから」という理由だけでは、採用担当者には一切響きません。

もし、それだけを理由に入社する企業を選んだところで、やりたい仕事でなかったり、他の雇用条件がマッチしていなければ、自分らしく働くことも難しいでしょう。

LGBTフレンドリーかどうかは、あくまでひとつの重要な項目として留めておく程度でよいと思います。

企業研究シートは、さまざまな項目について複数の企業を比較して、キャリアプランとライフプランとのマッチングを検証するツールとして活用してみてください。

POINT

- ▪ いろいろなところで得た情報を一枚のシートにまとめておくと、後々エントリーシートの作成や面接前の整理に便利
- ▪ 複数の企業を比べるときにも役立つ

■ 企業研究シートの例

企業名：株式会社JobRainbow

一般情報
・業界：サービス
・事業内容：・LGBT求人情報サイト「ジョブレインボー」運営
　　　　　　・自分らしく働ける職場の創造（LGBT研修・コンサル）
　　　　　　・LGBT向けメディア運営
・企業情報：設立2016年／従業員数30人／オープンなLGBTのスタッフも多い

採用情報
・募集職種：営業／マーケティング／カスタマーサクセス／総合職
・条件：給与 能力に応じ要相談／休日 完全週休二日制／社会保険 完備／勤務地 東京
・採用スケジュール：3月1日募集開始 ～ 4月30日募集締切

企業研究（情報収集・会社説明会・インターンシップ・OP訪問より）
・仕事内容の特徴
　テクノロジーを通じて「すべてのLGBTが自分らしく生きれる社会」を実現するために、あらゆることに挑戦している
・職場環境の特徴
　アットホームな雰囲気で、やりがいがありそう
・メリット・デメリット
　メリットは少数精鋭のため裁量があり、日々成長を感じられる環境／デメリットは創業間もなく安定はしていない、教育制度なども整っていない

インターンシップ振り返りポイント（インターンシップ後に記入。→86P）
・求められる能力と自分の能力・希望は合っていたか

・企業のビジョンや職場の雰囲気は合っていたか

・セクシュアリティのスタンスと自分の居心地のよさはどうだったか

・反省点、学んだ点、成長した点は何か

・キャリアプラン、ライフプランと照らし合わせ、今後の選考を受けるか

4 キャリアセンターは 学生の心強い味方

● キャリアセンターならではの有力な情報がある

　大学や専門学校のキャリアセンターでは、求人情報のほか、インターンシップの募集やOPの紹介、企業説明会、就活セミナーの案内など、就活にまつわるさまざまな情報が得られます。

　求人情報の中には、人気企業が学校別に設けている個別の募集情報や二次募集など、就活サイトには載っていないキャリアセンターならではの求人が出ていることがあるため、見逃せません。こまめにチェックしておくとよいでしょう。

　また、専門のキャリアアドバイザーが常駐して、自己分析のアドバイスやエントリーシートの添削、面接対策といった就活全般の相談にのってくれます。「何からはじめたらよいか」「出遅れてしまったかも……」といった漠然とした相談でも大丈夫。一人ひとりに合わせたサポートをしてくれる、就活生の心強い味方です。

　ただし、就活エージェントと同じく、学校全体の就職率を向上させるという学校側の目標もあるので、希望していない企業をすすめられる可能性もあります。常に、自分に合う企業かどうかを主体的に考えることが大切です。

LGBTの就職に関する相談にものってもらえますか？

　近年、教職員向けのLGBT研修を行う大学や専門学校、オールジェンダーのトイレの設置をするといった「LGBTフレンドリーな学校」は増えつつあり、こうした学校のキャリアセンターは、LGBTへの理解度が高い傾向があるので相談

しやすいでしょう。まずは、通っている学校がどのようなLGBTフレンドリーな取り組みを行っているのかを事前にチェックしてください。

　もちろん、こうした取り組みをしていなくても理解のあるキャリアアドバイザーはたくさんいますし、逆に取り組みをしている学校だからといってLGBTへの理解が行き届いている、ともいえません。

　キャリアアドバイザーにカミングアウトをする前に、「学内には、留学生や障がい者、LGBTなどのマイノリティの学生が多くいると思うのですが、そういう学生の就活支援もされているんですか?」などと、多様性についての理解の度合いを探るような質問をしてみるのもありです。

　また、カミングアウトをする場合は、知らないうちに他の職員にも共有される可能性があるので、誰にどこまで伝えてよい情報なのかをしっかりと伝えましょう（→145P）。

　LGBTの就活生の中には、「LGBTの就活生仲間がいない」「カミングアウトをしている人がいないから、相談できる友人もいない」など、就活中に孤独になってしまう場合があります。もちろん一般的な相談や悩みの共有は、カミングアウトをしていない周りの就活生仲間にできますが、それがセクシュアリティに関わることとなると気軽に話せない状況が多々あるのです。

　そんなときこそ、LGBTに理解のあるキャリアアドバイザーを見つけておけば、LGBTに関することも含めて何でもすぐに相談できる、心強い味方になることは間違いないでしょう。

　逆に、理解のないキャリアアドバイザーに相談してしまった場合、心ない言動に傷ついてしまうリスクもないとはいい切れないので、前述の通り、多様性への理解があるかどうかを事前に確認しておきましょう。

POINT

- キャリアセンターを最大限に活用し、情報を集める
- LGBTについての相談は慎重に考える
- 理解あるキャリアアドバイザーは、心強い味方になる

5 企業説明会、LGBTフレンドリー合同説明会に参加する

● 説明会は大きなチャンス

企業説明会に対して、苦手意識をもってしまうLGBTの就活生や転職者がいます。LGBT関連の質問をしにくいと思っていたり、ビジネスマナーに沿った服装に自信がもてずに人前に出たくないという思いがあるようです。

しかし企業説明会では、ネットだけではわからないリアルな情報を収集できますし、ビジネスマナーに沿った服装で人前に立つ練習にもなるので、ぜひ一度は参加してみるとよいでしょう。

● 選考は説明会からはじまっている

企業の催す説明会には、2つの種類があります。企業が個別に開催する「企業説明会」と、複数の企業が合同で開催する「合同説明会」です。

ともに企業が自社の説明をする場とはいえ、採用担当者は「どんな学生が来ているか」といった選考の視点で参加者を見定めています。「選考は説明会からはじまっている」という意識をもって積極的に取り組み、服装やマナーにも注意を払いましょう。

また合同説明会では、さまざまな企業の説明が一度に聞けるメリットがある一方で、「混雑していて気になる企業のブースで話が聞けなかった」という声もあります。参加する前に、訪問する企業や質問内容を考えておくとよいでしょう。

開催時期のピークは、現在の採用スケジュールでは3月から4月です。地方から上京する学生は、効率よく参加できるよう、あらかじめ計画を立てておく必要があります。

● **LGBTフレンドリーな合同説明会もある**

　JobRainbowでは一年に一度、LGBTフレンドリーな企業を集めた日本最大の合同説明会を開催しています。企業ブースのほか、特設相談コーナーやメイクアドバイスコーナーを設け、来場者が安心して就活・転職に取り組んでもらえるような場を提供しています。

> 一般的な説明会では、LGBTに関することは聞きにくいのですが、質問した方がいいでしょうか?

　よい質問をすれば名前を覚えてもらったり印象づけることにもつながるので、ぜひ積極的に質問しましょう。ただ、LGBTに関することは聞きづらかったり、伝え方によっては会社の条件面ばかりを気にしているという印象をもたれかねません。そこで、次のような質問の仕方をおすすめしています。

質問例「近年、少子高齢化による労働力不足から、個人の生産性を高めていく働き方改革が進められています。その中でも女性の活躍推進や外国人、障がい者、LGBTなど多様な人材を積極的に活用するというダイバーシティを推進していくことは経営課題にもなりつつあると考えております。たとえば、御社ではそういった多様性の中でも、LGBTなどに対してどのような取り組みをされているのでしょうか」

　このように、ダイバーシティの観点から聞くことで、「当事者だから聞いているのかな?」と思われずに企業の取り組みや考えを知ることができます。自分目線ではなく、企業目線から質問することで、自分勝手な印象をもたれにくいと思います。

POINT

- 説明会は大事な情報収集&選考の場
- 積極的に質問をしながら、相手に印象づける

6　最も大事な一次情報「社員の声」の集め方

● LGBTほど大事な一次情報「社員の声」

　実際に企業で働いている人からの「社員の声」は、自分らしく働く企業選択の際の決め手にもなりうる重要な一次情報です。説明会などでも人事や社員の話を聞けますが、多くは企業側の良い面しか知ることができません。

　たとえば、ネットの企業情報にはLGBTに対する福利厚生が整っていると書かれていても、実際に社員の声を聞いてみると、まだまだ多様性に対する理解が浸透しておらず、こうした制度も利用しづらい状況かもしれません。また大きな企業では、部署によってLGBTへの理解の差がある場合もあります。どんな企業にも良い面と悪い面の両方があるので、社員の生の声を集めましょう。

　逆に、ネットなどにはLGBTについての情報が出ていなくても現場に理解が浸透していれば、良好な人間関係を築ける職場かもしれません。大事な情報源となる「社員の声」の集め方とその際のマナーを紹介します。

● さまざまな「社員の声」の集め方

　社員の声を集めるためには、主に次のような方法があります。

①OP訪問

　興味のある企業で働いている先輩（OP:Old Person →15P）を訪ね、仕事内容や職場の様子などを聞き、企業の理解を深めることが目的です。

　就活生が母校の先輩を訪問するのが一般的ですが、最近では転職時にOP訪問をすることも珍しくありません。面接や合同説明会よりもカジュアルに、より近い距離で話を聞くことができます。

　母校の先輩がその企業で働いていなかったり、転職時にOP訪問をしたい場合は、企業サイトやエージェント経由で問い合わせると対応してくれる場合があります。

②SNSやアプリ

　FacebookやTwitterなどのSNSで社名を検索して、会いたい人に直接声かけをしたり、社会人訪問専用のサイトやアプリを使う方法もあります。

　OP訪問と違い、学校や企業、エージェントが間に入らないため、比較的自分が会いたいと思う役職や職種の方にピンポイントで会えることがメリットです。本名と顔を出している人、可能であれば共通の知り合いがいる人を選び、会うときは必ずお昼の時間帯のカフェなど、人の多いところを指定しましょう。

③カジュアル面談

　カジュアル面談は0次面談ともいわれ、近年ベンチャー企業などを中心に増えています。選考前に採用担当者が個別に会う時間を設けてくれ、事業の詳細やエントリーの注意点、福利厚生などについて聞くことができ、オフィスツアーを用意してくれる場合もあります。

　志望動機などを用意する必要はありませんが、エントリー後の書類選考などではこの面談での印象が加味されるため、気をつけてのぞみましょう。

④インターンシップ

　社員の声を聞くにあたって、最も質の高い情報を手に入れられるのが、インターンシップです。とくにLGBTにとっては、その企業のリアルな職場環境や人間関係を見極められる機会となります（→80～87P）。

● どんな人に会うべきか

　社員に会うなら、志望企業で、かつ自分のやりたい仕事をしている人に会おうと思う人が多いと思います。この際、自分と年齢の近い人だけではなく幅広い年代の人に会っておくとよいです。たとえば、1～2年目の若手社員からは面

接や採用選考についてのアドバイスをもらえます。一方、10年目、20年目の中堅・ベテラン社員からは自分の将来像を描くのに重要な視点を学べるでしょう。

　また、志望する企業の社員にだけ会うのがよいとは限りません。同じ業界に属する複数の企業の社員に会うことで、業界の特徴や傾向が見えてくることもあるでしょう。

「カミングアウトをして働きたい」「LGBTフレンドリーな会社で働きたい」と思っている人は、LGBTの先輩社員に会ってみることをおすすめします。LGBT向けの合同説明会やLGBTサークルの先輩のつてなどで紹介してもらうとよいでしょう。カミングアウトをしている人としていない人、両方のLGBTの先輩社員の声を聞けたら、より一層自分らしく働くイメージを固めていけると思います。

■　相手の貴重な時間を使っていることを意識して、礼儀をもって話を聞こう

　先輩社員は、採用担当ではありません。仕事とは関係ないところで、時間をわざわざとってくれています。また、企業によっては担当した社員が後日、人事にレポートを出すこともあります。

　訪問前は社会人としてのマナーを意識してください（→29P）。面談の前後のみならず、話を聞くときも誠意をもってのぞみましょう。

　気をつけておきたいことは、現場社員のLGBTへの理解が乏しい場合です。LGBTやダイバーシティについての話題になると、嫌な顔や不適切な発言をされる可能性もあります。このとき、こちらが感情的になって相手を説得しようとしてもあまり意味はありません。

「この企業にはこういった考えの人がいるんだ」と、ひとつの情報として受け止め、冷静に対応しましょう。あまりにも失礼な対応をされた場合は、早めに面談を切り上げてしまって問題ありません。

ＯＰ訪問の際に必ず聞いておいた方がよい質問はありますか？

「自分がこの企業に入ったらどんな風に働くだろうか？」とイメージしながら、質問を考えてみてください。以下に、質問の例をいくつか紹介します。

相手に質問をする前に、<u>自己紹介や志望動機、目指している職種を伝えて</u>おくと、相手もより具体的なアドバイスがしやすいでしょう。なお、給料や休日の過ごし方など、プライベートにふみ込み過ぎた質問は避けてください。

OP訪問の際の質問例	
仕事内容について	・担当している仕事、面白み、苦労すること、心がけていること ・入社してよかったこと、入社前とのギャップの有無 ・同業他社と比べて、よい点、足りない点 ・これから企業の中でやりたいこと、ビジョン
職場環境について	・部署の雰囲気、人間関係、飲み会の頻度 ・残業、休日出勤の頻度
就活・転職について	・入社時の志望動機 ・求めている人物像 ・面接のポイント
LGBTについて（聞きたい場合のみ）	・ダイバーシティ全体に対する現場の理解度 ・LGBTやダイバーシティに関する研修を受けたことがあるか ・「多様性への取り組みって知っていますか？」などと前置きをして、LGBTへの取り組みについて聞く。制度があるのに存在を知らない場合は現場まで行き届いていない可能性がある

POINT

- 社員の声は最も大切な情報なので、時間の許す限り収集を怠らない
- OP訪問やSNSなどを活用し、多角的に情報を得る

- **現在の職場を選んだ理由**

外資系IT企業で自社製品のソフトウェアを開発するエンジニアをしています。世界中から集まった技術者と働くことができるので、高い技術力が身につくと思い、また外資系企業なので、海外勤務のチャンスがあると考えて就職しました。

雑誌で社内にLGBTサークルがあると知り、私自身もレズビアンとして働きやすそうだと感じたのも大きな理由の一つです。

- **LGBTフレンドリーな企業で働いて日々感じること**

入社後に知ったのですが、志望理由のひとつになったLGBTサークルはアメリカ本社だけにあって、日本支社にはないことを知り、しっかりと情報収集はしておくべきだと感じました。

ですので、入社したときにLGBTフレンドリーな企業だったかというと、特別そんなことはなかったとは思います。

私自身が海外で同性パートナーと結婚式を挙げた際に、当時のマネージャーにカミングアウトをしました。人事にも結婚の申請をしたところ、他の異性婚と同じようにお祝い金と休暇をもらうことができたことは、企業から祝福してもらえているようで嬉しかったです。

ただ、同性パートナーシップも福利厚生の対象になるとは明記されていなかったので、これだと他のLGBT社員は申請しづらいと思い、人事に働きかけをしたところ、就業規則を変えてもらうことができました。

現在は、日本になかったLGBTサークルを自分で立ち上げ、新入社員やマネージャー向けのLGBT研修を実施することで、社内での理解促進を働きかけています。

LGBTフレンドリーな企業になるにつれて、自分自身の居心地の良さや仕事のパフォーマンスも自然と上がっているように感じます。

私は職場で「レズビアンです」と自己紹介のたびにカミングアウトしているわけではありません。職場の同僚が開くホームパーティなど、同性パートナーを連れていってはじめて周りの人も「あ、この人はレズビアンだったんだ」と知るような感じです。

それで何か驚かれるということもなく、普通のカップルとしてお互いが接していけるのが、あるべき姿なのだと思っています。

● 就活生・転職者へのアドバイス

まずはやりたいことや興味のあることを見つけてください。できれば学生のうちに、アルバイトやインターンシップなどで興味のある仕事や業界を経験すると、雰囲気もわかるし職務経験として履歴書にも書けるのでGoodです。何をしていいか迷ったら、IT業界はおすすめです。

LGRTの働きやすさについても、服装が比較的自由であったり、女性が化粧をしなくても何もいわれないことが多いです。業界の変化も早いので、新しいものを取り入れる気風があります。

実力次第で独立してフリーランスになる道もありますし、周りには若いうちから起業する人もいます。在宅勤務も多いので、トランスジェンダーで通院がある人も都合がつきやすいと思います。

一言メッセージ

議論に応じてくれる企業風土があれば、自分で声を挙げ、組織を変えていけるんだと、みなさんにも知ってもらえたら嬉しいです。LGBTフレンドリーでなくても、社員の声に耳を傾けてくれる会社を選べるとよいかもしれませんね。後悔しないよう、多角的な視点で企業選びをしてください。応援しています！

LGBTを取り巻く日本の条項・条例

　LGBTに対する企業全体の理解は年々高まってはいるものの、職場の隅々にまでは浸透していないのが現状です。

　もし採用選考の過程で、適性や能力とは関係のない事柄で採否を決定するような、公正とはいえない扱いを受けた際は、以下をより所として厳然とした態度でのぞんでください。

厚生労働省の「公正な採用選考の基本」

　厚生労働省は、採用選考の基本的な考え方として、1）応募者の基本的人権を尊重すること、2）応募者の適性・能力のみを基準として行うこと、の2点を明記しています。「公正な採用選考の基本」の（2）項のオにおいて、「障害者、難病のある方、LGBT等性的マイノリティの方（性的指向及び性自認に基づく差別）など特定の人を排除しないことが必要です。特定の人を排除してしまうというのは、そこに予断と偏見が大きく作用しているからです。当事者が不当な取り扱いを受けることのないようご理解をいただく必要があります。」[1]と記されています。

東京都の「人権尊重条例」

　東京都にはLGBTなどセクシュアルマイノリティへの差別禁止を盛り込んだ人権尊重条例があります[2]。内容としては、「いかなる種類の差別も許されない」というオリンピック憲章の根本原則に則り、性自認、性的指向を理由とした差別の禁止やヘイトスピーチの規制が柱となっています。

※1　厚生労働省「公正な採用選考の基本」
※2　「東京都オリンピック憲章にうたわれる人権尊重の理念の実現を目指す条例」）

インターン
シップ

職場のリアルを
知ろう

自分らしく働くための
第 一 歩

■ インターンシップ は、参加必須!

　インターンシップ（以下インターン）とは、企業・団体が学生に提供する「就業体験」の機会のことです。インターンを実施する企業は年々増えていて、2020年度卒対象のある調査[※1]によると、学生の約8割が参加しているといいます。

　インターンに参加する最大のメリットは、ウェブサイトや説明会などで企業が公開している情報だけではわからない「職場のリアル」を体験できることです。

　LGBT就活生にはインターンへの参加をおすすめしています。たとえば、HPの企業情報やOP訪問ではLGBTフレンドリーな印象をもっても、実際のインターンに参加してみた結果、部署によって理解の程度にばらつきがあることを目の当たりにするかもしれません。

　逆に取り組みは何もしていないように見えたけど、実際の職場ではLGBTへの理解が行き届いていて、カミングアウトの有無に関わらず、気持ちのよいコミュニケーションができる環境かもしれません。インターンに参加する他の学生の様子から、同期となる仲間の雰囲気を知るきっかけにもなります。

　一方、企業としては、学生に業界・企業・仕事の理解を促す目的のほか、優秀な学生や企業風土に合った学生に自社を知ってもらい、事前に囲い込む選考の場にしていることもあります。

　このように、学生と企業がエントリー前に互いにマッチングを確かめ合えるインターンは、いまや就活に欠かせないステップとなっています。インターン

の期間や実施内容は、企業によりさまざまです。説明会方式の1dayインターンから、数か月の本格的な業務に携わるものまで、多岐にわたります。

● 居心地よく働けるかどうかを自分の目で確かめよう

新入社員が、入社後早期に退職をしてしまう理由のひとつに、入社前に感じていた企業のイメージと入社後に体験した職場のリアルとのギャップが挙げられます。

平均して3割の大卒の新入社員が、入社3年以内に離職してしまうという調査結果も出ています[※2]。離職理由のすべてが「思っていた仕事と違った」などのギャップではないものの、入社後のギャップをなるべく少なくするためには、実際に自分の目で見て職場を体験してみることが一番です。

とくにLGBTにとっては、職場の雰囲気を確かめておくことは重要なポイントです。なぜなら「働きやすさ」は、仕事内容や企業の設備環境や社内制度だけでなく、職場の雰囲気や人間関係も大きく影響するからです。

LGBTの転職経験率は一般平均よりも高いといわれ、入社後に「こんなはずじゃなかった」ということにならないよう、カミングアウトをする・しないに関わらず、自分が居心地よく働ける環境かどうかを確かめておきましょう。

インターンでは社員と双方向のコミュニケーションがとれるので、説明会やOP訪問で聞きづらいことも聞けたり、質問に率直に応えてくれる傾向もあります。

また自分のセクシュアリティに関して不安が大きく、働くことそのものにネガティブなイメージをもっている人や、LGBTフレンドリーかどうかばかりが気になっている人にとっては、働くことの意義や仕事の面白さなどを発見できる機会になるかもしれません。

職場環境を見るとき、どこに気をつければよいでしょうか？

具体的には次の3つのポイントを確かめてみてください。

職場環境を見るときのポイント	
服装	従業員が着ている服装は無理なく着られそうか
会話	恋愛や休日の過ごし方などプライベートにふみこんだ会話がどの程度されているか
設備・環境	トイレの利用に不安点はないか LGBTを含めて多様な人材が自然に働いているか

　しつこいようですが、結局のところ、どのようなポイントに気をつけるかは自分のキャリアプラン、ライフプラン次第です。適切な判断軸をもって、客観的に企業を見ることが大事です。

　たとえこれらの環境が整っていなかったとしても、それだけでエントリーするかどうかを決めず、<u>あくまでも判断材料のひとつととらえて、自分の希望とのバランスを冷静に考えましょう。</u>

> インターンに参加するタイミングやエントリー方法について教えてください

　1年を通して、どこかしらの企業がインターンを実施しています。参加者が最も多い時期は、夏のサマーインターンです。

　インターンの種類は、大きく3つに分けられます。

①**1dayインターン**：その名の通り、1日就業体験。会社説明会にその会社ならではのグループワークなどが入ります。

②**短期インターン**：5日間〜数週間が目安。グループや個人で課題に取り組み、成果が求められます。部署に配属される場合もあります。

③**長期インターン**：1か月以上〜1年が目安。現場社員とともに実務を任され

る場合が多いです。リアルな経験を積め、社会人としてのスキルを身につけられるチャンスがあります。一方、採用に直接つながらなかったり、実態はアルバイトとあまり変わらないというインターンもあるので、目的意識をもって参加しましょう。

　エントリーは、就活サイトのほかキャリアセンターや企業のHP等で情報を確認しましょう。気になる企業の実施時期を事前にチェックし、エントリーを逃さないようにしましょう。

　なぜなら、就活の早期化に伴い、<u>インターン経由で採用枠の半分以上の内定を出す企業も存在する</u>からです。

　また、インターンに参加するための選考を設ける企業もあります。エントリーシートや面接のポイントは、Chapter 5〜6を参考にしてください。熱意や積極性をアピールして選考にのぞみましょう。

インターンの経験は、今後のエントリーシートや面接の自己PRに活かせますか?

　インターンの経験は実務に近いということもあり、そこで<u>上げた成果や、リーダーシップを発揮した経験、何より社会人からもらったポジティブな評価はそのまま自己PRに活かすことができます。</u>

　先ほどもお伝えしたように、インターンを実質、本選考と位置づけている企業も多いので、インターンに参加したという経験は、他社で一定程度の評価を受けた証しにもなります。自信をもってインターン経験を活用しましょう。

※1　マイナビ「2019年度マイナビ大学生インターンシップ調査」
※2　厚生労働省「学歴別就職後3年以内離職率の推移」

1 インターンシップ 就業中の心得

インターンでの学びを最大化する5つのポイント

インターンに参加する目的は、職場のリアルを体験し、企業とのマッチングを確かめ、体験を通して自分のスキルや可能性を広げることです。

インターン就業中の学びを最大化するために、参加する前に次の5つのポイントを考えておくとよいでしょう。

① インターン中に確認したいこと、学びたいこと、得たいスキルの目標設定
② 学業との両立
③ 企業の情報収集と質問事項
④ セクシュアリティをオープンにするかクローズドにするか
⑤ 気づいたこと、感じたこと、学んだことをメモする方法

社会人のマナーを身につけ、積極的にコミュニケーションをとろう

インターンは社会人として働きはじめる第一歩。Chapter 1 の身だしなみチェックやビジネスマナーを参考に（→22P）、社会人としてのふるまいを心がけましょう。遅刻や無断欠勤は厳禁です。やむを得ず遅刻や欠勤をするときは、速やかに連絡しましょう。

また、社員や他のインターン学生と積極的にコミュニケーションをとって情報収集するなど、より有意義な時間にしてください。

セクシュアリティをオープンにするか、クローズドにするか、迷っています。

　オープンにするかクローズドにするかは、あらかじめスタンスを決めておくことをおすすめしています。迷いながらはじめると、そのことが気になって本来の力を発揮しにくくなってしまうことがあるからです。

　インターンだからこそ、どちらの方が自分の力を発揮しやすいかを試してみることもできます。

　私自身、いくつかのインターン先でオープンにした場合とクローズドにした場合で働き比べてみた結果、オープンにした方が仕事のパフォーマンス向上につながったため、今後働くときにもオープンにして働こうと決めました。

　どちらのスタンスでも、自分が働きやすい方を尊重して選択することが大切だと考えています。そのためにも、インターンの場を有効に利用してみてください。

インターン中にLGBTであることを強みとして活かすことはできますか?

　LGBTだからこその視点や、LGBTであることで経験して得た学びを活かすことができます。

　たとえば、ブライダル業界の企業で新規事業立案インターンが行われた際、レズビアンの学生が同性パートナーなどLGBTでも安心して利用できる挙式プランを新規立案し、高く評価されたことがありました。

　最終的に彼女は採用されましたが、見られていたのは彼女の経験や視点を活かしてアイデアを実現する発想力とリーダーシップ力です。

　セクシュアリティそのものではなく、そこから見える視点を活かす力はLGBTに関係なく誰でも求められている、と考えてのぞみましょう。

POINT

- ■ 事前に目標と目的意識をもって参加する
- ■ 社員やインターン生と積極的に話をして、有意義に過ごす

2 インターンシップの振り返り方

■ **インターン終了後に振り返っておきたい5つのチェックポイント**

インターンを終えたら、やりっぱなしにせず、全体の振り返りを行いましょう。振り返りは、学びを定着させるだけでなく、今後の就活へ活かすうえで欠かせないステップです。5つのチェックポイントを紹介します。

① 求められる能力と自分の能力・希望は合っていたか
② 企業のビジョンや職場の雰囲気は合っていたか
③ セクシュアリティのスタンスと自分の居心地のよさはどうだったか
④ 反省点、学んだ点、成長した点は何か
⑤ キャリアプラン、ライフプランと照らし合わせ、今後の選考を受けるか

とくに成長した点については、入社後に伸びしろが期待できる部分といえ、選考時のアピールポイントにもなります。成長体験を自分の言葉で語れるよう、まとめておきましょう。

また、企業からフィードバックやアドバイスをもらえることがあります。たとえ厳しい意見をもらったとしても、それは成長してほしいという期待の表れ。他者からの客観的な意見を参考に自己分析に磨きをかけ、成長の糧にしましょう。

憧れの企業のインターンが想像と違いショックです。就活は方向転換するべきですか?

しっかりと情報収集をしていた企業ほど、マッチしなかったときにがっかりしてしまいますが、合わない企業で働くリスクを回避できたと前向きにとらえましょ

う。もっと自分らしく働ける企業に出合えるチャンスが広がったはずです。ただし、焦って大きく方向転換をしすぎるのは禁物です。最初に立てた自己分析やキャリアプラン、ライフプランに立ち返り、何が合わなかったのか、どこが想像と違ったのかを冷静に振り返りましょう。

　たとえば「仕事内容が合っていたけど、雰囲気や人が合わなかった」ことがわかれば、同じ業界の競合企業などをピックアップして、雰囲気や人の優先度を上げて絞り込みをしていくことが考えられます。

スキル面ではマッチしていましたが、LGBTフレンドリーな環境ではなかったため、エントリーするか迷っています。

　迷うならエントリーしましょう。LGBTフレンドリーかどうかは条件面での一要素でしかありません。もちろんキャリアプラン、ライフプランから見たときにその優先度が高い人もいるでしょう。

　しかし働いてみるとわかりますが、やりたい仕事かどうかやスキル面でマッチしているかどうかは、仕事を続けていくうえで思っている以上に重要なポイントです。条件面での選択肢を狭めすぎないようにしましょう。

　また、入社後に自分で職場環境を変えることもできるので（→170P）、それを視野に入れてエントリーしつつ、同じような仕事内容の企業を並行して探してみることをおすすめします。

　内定をもらった後からでも、考える時間は十分あるので、そのときに改めて比較し、最終的に自分らしく働ける企業を選びましょう。

POINT

- ■ インターンでやったこと、学んだことは必ず振り返る
- ■ LGBTフレンドリーではなくても、まずはエントリーしてみる

星賢人の場合

● 1度目の就活は失敗。内定がゴールになっていた

大学2年生の頃から代表をしていたLGBTサークルで、ゲイやレズビアンの先輩が就活に前向きになれずに就職しなかったり、トランスジェンダーの先輩が面接中にカミングアウトしたら帰らされた、といったことを目の当たりにしました。そこから、就職に対しての不安が高まり「早く動かねば」と、当時はまだ珍しかったインターンに参加しました。

IT企業で1か月間のインターンに参加しましたが、このとき初めて社内のLGBTサークルでオープンにしているLGBT社員の人たちに出会い、「LGBTフレンドリーな企業」の存在を知りました。それから、こんな多様な社員を大切にしてくれる会社で働きたい、という思いで、比較的柔軟な雰囲気のあるIT系の企業を中心にインターンに参加しました。

インターンは本選考とは違い、志望動機に比べてポテンシャルがより見られます。なので、とくに自己分析やキャリアプラン、ライフプランを考えずに選考を受けても合格し、参加することができていました。ただそのまま一番雰囲気も良く、かつ仕事も楽しそうでLGBTフレンドリーな大手のIT企業を第一志望として本選考を受けたところ、あっけなく落ちてしまいました。

● 自分と徹底的に向き合った2度目の就活

その後、第二志望だったメガベンチャーからの内定を辞退して、大学院に行くことを決めました。その際、第一志望企業の人事に「次の就活では自己分析を徹底的にしろ」とアドバイスをもらいました。

それから2か月近く、自分が物心ついた幼稚園のころから、思い出せるかぎりすべての経験や成功・失敗体験、そのときどきで自分がどう感じたのか、どう成長したのかを徹底的に書き出しました。

そうすると、これまで漠然ともっていた「自分がどんな人間なのか?」「どう生きたいのか?」というすべての思考や理由がクリアになり、その後10年間の

キャリアプラン、ライフプランが自然と明確になっていったのです。

　そこで、過去にゲイであることで苦しんだ経験から「社会の生きづらさを解決したい」、不登校のときにオンラインゲームに救われた経験から「テクノロジーで貢献したい」という2つの軸を見つけることができました。

　そのうえで、ゲイとしてカミングアウトしたことで生産性が上がり人生が豊かになった体験から、明確なスキルが身につくLGBTフレンドリーな会社に入りたいと思うようになりました。結果として、学部時代に落ちた大手IT企業だけでなく、外資系メーカーのマーケティング職で内定をもらいました。

■ インターンで立案した事業アイデアで起業

　内定後はそのまま入社することを考えていましたが、新規事業立案インターンでLGBT求人サイト「JobRainbow」の事業アイデアをすでに形にしていました。

　そこで、思い切って起業しましたが、最初は売上がほぼゼロでまったくうまくいかなかったため、やはり企業で修行をしようと入社意思を固めていました。

　しかし、卒業が近づくにつれて事業が軌道に乗りはじめたとき、改めてこれからの10年間のキャリアプランとライフプランを思い返し、自分にとってベストな選択肢は就職ではなく、独立してこの事業をやることにあると考えました。

　結果として、現在の事業、そして本書を通じて多くのLGBT就活生・転職者をサポートすることができ、日々やりがいをもって働くことができています。

一言メッセージ

就活で徹底的に自分と向き合って学んだことや考えたことは、いまでも経営・人生の意思決定に役立っています。いま、もしかしたらつらい状況に立たされている人もいるかもしれません。ですが、その経験がきっとこの先10年、20年にわたって役に立つと思って、自分自身に向き合ってもらえたら嬉しいです。

ハーヴェイ・ミルク

　アメリカ合衆国ではじめて、ゲイであることを公表し公職に選ばれた政治家がいました。ハーヴェイ・ミルク(1930-1978)です。

社会的マイノリティの差別撤廃に尽力

　ミルクは1930年、ニューヨークに生まれ、海軍、証券アナリスト、ブロードウェイでのプロデュース業などさまざまな職に携わります。その後、ストーンウォール事件をきっかけにゲイの解放運動に傾倒するようになりました。

　1972年、パートナーとともにサンフランシスコ州へ移住。同市カストロ地区でカメラ店を開き、地区のコミュニティで頭角を現します。

　市議会へ立候補し、2度の落選を経て、1977年の3度目の選挙で当選を果たします。市政執行委員として「性的指向を理由に教職者を解雇できる」という州法の廃案に尽力しました。そして、同性愛者のみならず、さまざまな社会的マイノリティの差別撤廃を訴えました。

20世紀の英雄に

　しかし、就任から1年も経たない1978年11月、保守派の議員によって当時の市長とともに市庁舎内で射殺されました。事件の裁判では、ホモフォビア(同性愛嫌悪)による計画的犯行だという世論とは裏腹に、被告人は計画的な殺意を否定し続けました。結果、被告人のいい分が通り、宣告された刑はわずか7年の禁固刑。この不当な裁判結果に怒った同性愛者らは、サンフランシスコで広範囲にわたる暴動を起こしたのです。

　ミルクは1999年、「タイム誌が選ぶ20世紀の英雄・象徴的人物100人」に選出され、2009年には大統領自由勲章を授与されました。

　同性愛者だけでなく、すべてのマイノリティにとっても、希望をもって生きることが大切だと話した生前のスピーチも有名です。

エントリー
シート

読みやすく書いて
通過しよう

LGBTフレンドリーな企業だけにエントリーを絞らない

● エントリーする企業にこだわりすぎない

「自己分析も企業研究もしっかりしてきたのに就活・転職がうまくいかない」となげく人の失敗の原因のひとつに「エントリーする企業を厳選しすぎていること」が挙げられます。

気に入った企業にこだわることや、好きな業界だけに絞ってしまうことは、もしその業界・企業に向いていなかったときに「全落ち」してしまうリスクをはらんでいます。

また、幅広くエントリーしておくことで、自分でも気づかなかった適性を見つけられたり、選考を通じて企業の意外な一面が知れたりして、志望度が変わる人もいます。少しでも気になる企業は、できるだけエントリーしてみましょう。

● LGBTフレンドリーな企業にエントリーを絞りすぎない

やりたい仕事、向いている職種を考える前に、「LGBTフレンドリーな企業だけしかエントリーしない」と決め込んでしまうLGBT就活生・転職者も中にはいますが、得策とはいえません。もちろん、LGBTフレンドリーかどうかという条件的な要素も、仕事を選ぶうえで重要な判断軸のひとつです。

しかし、あくまで条件面のひとつにすぎず、キャリアプランとライフプランも視野に入れ、こだわりすぎないことがポイントです。

LGBTに取り組む企業は年々増えていることや、LGBTに配慮していてもLGBTフレンドリーだと表明しない企業もあることから、「LGBTフレンドリーか否か」で絞ることが、自らのやりたいこと、向いていることのチャンスを狭めて

しまうことにもつながるからです。

　これまでにもお話ししてきたように、もし興味をもっている企業がLGBTフレンドリーだと表明していなくても、選考中に取り組みを確かめたり、入社後に希望を伝え、対応をお願いすることもできます。入社後に職場の環境を変えることも視野に（→170P）、エントリー段階ではLGBTフレンドリーでないことを理由に、叶えたい夢、希望のキャリアプラン、ライフプランを狭めないことが大切です。

「LGBTフレンドリーだから」が志望動機のアピールになりますか？

　LGBTフレンドリーかはあくまで働くうえでの条件のひとつであって、その企業を志望する理由としては弱い、ということを心に留めておいてください。LGBTフレンドリーな企業だからといってLGBTを優遇して採用することはなく（→57P）、知りたいのはあなたが自社で活躍できる人材かどうかです。

　たとえば、次の志望動機を読んだ採用担当者は、どう感じるでしょうか。

「私はLGBTフレンドリーである御社に魅力を感じたため、志望しました」

　きっとこう思うのではないでしょうか。

「LGBTフレンドリーな企業なら、うちでなくてもいいのかな」

「うちの企業ではやりたいことはないのかな」

　採用担当によってはいきなり条件面の話をされたと感じ、「給料が高いから志望しました」といわれるのと似た印象を受ける人もいます。

　伝えてはダメ、というわけでは決してありませんが、プラスの評価につなげるための伝え方をおさえておきましょう（→96P）。

　これまでLGBTであることを理由に、つらい思いや傷ついた経験がある人こそ、LGBTフレンドリーな環境が魅力的に映ることもあると思います。しかし、志望動機の軸は受け身になりすぎず、積極的にやりたいこと、達成したい目標を伝えるようにしましょう。

1 　読み手を意識した ESの書き方

● ESはしっかりおさえよう

　エントリーシート（以下ES）は、これまで行ってきた自己分析と業界・企業分析で得たことを自分の言葉で表現して伝える、いわば集大成ともいえる書類です。しかし、ESは他の候補者と差が出にくく、採用の決め手にはなりません。だからこそ、これまでの努力が無駄にならないよう、ミスなく確実に通過したいステップです。

　内容だけではなく、書き方のテクニックを知っているか否かが書類選考の通過率を左右するので、まずは書くときのポイントをしっかりと頭に入れておきましょう。

● 通過のカギは、読みやすさとインパクト

　就活におけるESの役割は2つあります。ひとつは書類選考通過のカギとなること、もうひとつは面接の資料として使われることです。ESを書くときの6つのポイントをまとめました。

ESの書き方6つのポイント

① 問いに対しては結論から書き、簡潔に答える。【】などで強調してもOK

② 結論に対する根拠や事例が複数ある場合は、箇条書きにする

③ 具体的な数字を入れ、説得力を高める。話を盛らない

④ 論理的に書く。(1)課題、(2)解決、(3)結果、などと工夫してもOK

⑤ 内容の一貫性は信頼感が高まる。矛盾があってはいけない

⑥ 最後に結論を再び書き、志望企業でそれがどのように役立つかを書く

　採用担当者は、短期間で何百、何千ものESに目を通すため、1枚当たりにかけられる時間はわずかです。初見で印象づけるためには、大前提として読みやすさとインパクトが重要です。

　「相手が知りたい情報は何か?」「相手はどんな状況で読んでいるか?」という読み手の視点を常に意識しましょう。どんなに熱量がこもった文章でも、読みにくければ気持ちよく読んでもらえず、肝心の中身がうまく伝わらないからです。

■ 自己PRの書き方の例

　ここで、ESに書く自己PRの具体例を紹介します。必ずしもこれに合わせて書く必要はありません。質問の内容によっては不適切なこともあるので、文章を組み立てるうえでの参考にしてください（文章中の括弧内はポイント①〜⑥に対応）。

【私の強みは目標を計画的に達成する力です】（←ポイント①）

この強みは
- ・ホテルのアルバイトで満足度1位という評価をもらった経験（←ポイント②、③）
- ・学園祭で売上目標10万円を達成した経験（←ポイント②、③）

で発揮することができました。とくに、ホテルのアルバイトでは、これまでお客様満足度ランキングで5位までしか取ることができていませんでした。(1) そこで1か月間の学習計画を立て、1位を目標に設定。(2) そこからは毎日、先輩からのアドバイスをもらいながら、本を読んで勉強し、積極的にお客様とのコミュニケーションに活かしました。(3) 結果として「ありがとう」といわれる回数も増えただけでなく、その月では目標のお客様満足度1位という評価をもらうことができました。（←ポイント③、④、⑤）

この私の「目標を計画的に達成する力」は、御社の営業の仕事でも、必ずや発揮できると考えています。（←ポイント⑥）

POINT

- ■ ESは採用の決め手にならないからこそ、ミスをしないようにテクニックを効果的に使う
- ■ 文章は、インパクトと読みやすさを重視する

2 オリジナリティのある 志望動機と 自己PRのつくり方

● 魅力的なES作成のポイント

　ESで問われる質問には、必ず企業の意図があります。企業は自社で成果を出す人材かどうかを、スキルマッチ、カルチャーマッチの観点から確かめるために質問を作成しています。

　企業の質問に的確に答えつつ、経験に裏打ちされた自分の言葉で表現することが、魅力的なES作成のポイントです。

● 自分らしさが伝わる志望動機と自己PRのつくり方

　「自分の強み」「その根拠となる事実」「企業で活かせるポイント」を、ストーリー性をもたせて組み立てます。冒頭に、強みを一言で表現したキャッチコピーをもってくると印象的です。

　強みを裏づける実績に乏しいからといって、話をつくってはいけません。見方を変えて多角的に説明することで、個性をアピールすることができます。

　たとえば、リーダーシップをアピールするための根拠として「100人のサークルの代表だった」という事実を挙げたところで、個性はあまり伝わってきません。しかし、「代表になりたてのときは50人だったメンバーが、独自の運営アイデアを打ち出した結果、100人に増えた」と具体的に述べ、さらに独自のアイデアを紹介すれば、オリジナリティをアピールできるでしょう。

　もうひとつ注意したいことは、苦労やつらい体験だけでは自己PRにはならないということです。

　Chapter 2で紹介したエピソードのネガポジ変換を参考に、ネガティブな体験をポジティブな印象へとつなげ、「同情」よりも「共感」される志望動機、自

己PRを意識してつくりましょう。

セクシュアリティに関して書いたら落ちてしまいました。書かないほうがよいのでしょうか?

　セクシュアリティに言及していても、注意点をおさえていれば、それが理由で落ちることはほとんどありません。

　もしかすると「LGBTだから」という理由で落とす採用担当者もいるかもしれませんが、そのような企業に入っても自分らしく働くことは難しかったと、気持ちを切り替えるのも大切です。

　こうした可能性もゼロとはいいきれないので、「自分がLGBTだから落とされてしまったんだ」と思い込んでしまう気持ちはよくわかります。ですがそういった人のESを見ると、経験上いくつかのNGパターンに陥っていることがあります。

　ここでは、よくあるNGパターンを引き合いに出し、そこからよい志望動機と自己PRへと添削した具体例を解説します。

● よくあるNG例① 「LGBTフレンドリー」が志望動機

添削前の志望動機

これまで、トランスジェンダーであることでつらい思いをしてきました。これからはそんな思いをしたくないと思い、LGBTフレンドリーな御社を志望しました。

　これでは、ネガティブで受け身な印象を与えてしまいます。たとえば百貨店を志望している場合、このような書き方ができます。

添削後の志望動機

【自身の強みを活かして、多様なお客様を支えるサービスづくりに携わりたい】

これまで、トランスジェンダーの当事者として周りの目を気にし過ぎてしまったり、つらい思いもしてきました。

しかし、その逆境を乗り越え、より一層相手の気持ちに寄り添えるようになり、いまでは思いやりをもったコミュニケーションが私の強みになりました。

御社は私のようなLGBTだけでなく、お子さんから高齢者の方まで、日々多様なお客様の生活を支えるサービスを提供しています。だからこそ、思いやりをもってコミュニケーションできる力は、接客だけでなく、組織のよりよいホスピタリティ向上にもつなげていけると考えています。

数ある百貨店の中でも、真摯にダイバーシティ推進に取り組む御社なら、必ずや私の強みを存分に発揮することができると思い、志望しました。

このような形で、<u>自身の強みをアピールしながら、それをどのように企業活動に活かせるのかを結びつけます</u>。加えて、なぜその企業でなくてはならないかを、セクシュアリティにも言及しながらまとめています。

■ よくあるNG例② セクシュアリティが自己PRの強み

添削前の自己PR
私はゲイなので、センスがあります。多様な視点をもっていることも強みです。

さすがにここまでシンプルに書く人はいないと思いますが、セクシュアリティが強みに直結するような書き方は固有の強みにつながらず、採用担当者からすると「では他のゲイでもいいよね」となってしまいます。そもそもゲイでもセンスのある人もいれば、ない人もいます。

ある意味「私はO型なのでおおらかなところが強みです」といっているのとあまり変わらないので、安易に使うのは控えた方がよいでしょう。

ただ、さきほどの「添削後の志望動機」のように、LGBTだからこそ経験したことや考えたことなどは、ひとつのストーリーにすることで、次のようなオリジナリティのある強みに変換していくエピソードにもできます。

添削後の自己PR
【私の強みは枠にとらわれない発想力です】
この強みは、自分自身ゲイとして参加していたLGBTサークルでイベントを主催し、20名目標のところ、40名集客を達成した経験で発揮することができました。
そのサークルでは毎年学園祭の時期に、学内外の誰もが参加できるイベントを企画しているのですが、毎年サークルメンバー以外の参加は10名程度にとどまっていました。

> そこで私は、（1）多くの人たちにサークルの活動を知ってもらいたいと20名集客を目標に立てました。
> （2）そのうえで、集客ができていない理由は魅力的なコンテンツがないためだと考え、自分自身やサークルメンバーのライフヒストリーをもとにした劇を開催することにしました。
> （3）結果として、多くの人から「遠い存在と思っていたが、LGBTはもっと身近なテーマなんだと理解できた」など好評をいただき、40名集客を達成することができました。
> このように、枠にとらわれない発想力という私の強みは、多様な視点を求める御社においても、必ずや発揮できると考えています。

　このように、もしセンスや多様な視点をもっていることをアピールしたいのなら、セクシュアリティという属性を根拠にするのではなく、<u>そのセクシュアリティだったからこそ経験したこと、見えたことをストーリーにするとよいでしょう。</u>

　いざESを書くとなると「自分には強みなんてないし……」とネガティブになるかもしれませんが、私はこれまで強みのない人に出会ったことは一度もありません。きっと自分には企業が求めている力があるんだと、前向きにネガポジ変換（→41P）と自己分析をふまえて、ESを練りこんでいきましょう。

LGBTならではの「体験」を変換する例	
志望動機	・LGBTを含むすべての多様な人を支える仕事がしたい ・LGBTなどマイノリティ向けのサービス提供がしたい
自己PR	・逆境を乗り越え、自分と向き合った ・多様な人（お客様、従業員）の気持ちに寄り添えるようになった ・多角的な視点で考えられる発想力を得た

POINT

- 志望動機と自己PRでは、成果を出す人材であることを説得力をもって伝える
- セクシュアリティについて書くときは、「同情」よりも「共感」を意識して、自分ならではのストーリーを意識する

3 ＥＳは必ず人に読んでもらう

▪ 読んでもらうときのチェックポイント

ＥＳを書き終えたら、提出する前に必ず家族や友人、社会人の先輩に読んでもらいましょう。

ＥＳは、これまで一度も会ったことのない採用担当者が読む書類です。「自分が伝えたい内容が相手に伝わるか」「独りよがりな内容になっていないか」といった点を事前に確認したり、客観的なアドバイスをもらったりすることで、完成度が高まります。

とくに、ＥＳでセクシュアリティについて触れている人は、ネガティブで受け身な印象になっていないか、自分ならではのストーリーになっているかも確認できるとよいでしょう（→96P）。

次の4つのポイントを参考に感想・アドバイスをもらってみてください。

読んでもらうときのチェックポイント	
印象	• 面接によびたいと思ったか • どのような人物だと思ったか • 自分の良さが出ているか
コミュニケーション	• 志望動機や自己PRなどは自分が意図した通りに伝わっているか
読みやすさ	• 誤字や脱字はないか • 文章の組み立てがおかしくないか
LGBTの話	• 同情を求めていないか • 「自分らしさ」と「自分勝手」の線引きができているか

■ もらった質問から、面接での想定質問集をつくろう

面接に進むと、ESや履歴書の内容にもとづいて質問をされます。つまり、提出前のESを読んだ他者からの質問や感想と同様の質問を面接官からもされる可能性があり、人に意見を聞くことは面接対策にもなるのです。

たとえば、「運動が得意で中学高校ではバレーボールに打ち込み、県大会に出場しました。大学では茶道に没頭し……（中略）。このようにいろいろなことに没頭できることが私の最大の強みです」という内容の自己PRを書いたとします。

これを読んだ人から「スポーツが好きだったのに、どうして茶道に興味をもったのか？」と質問をもらったとしたら、この疑問は面接官も抱く可能性があります。

そこで、2文目以降を「ところが、バレーボールはけがが原因で引退し、その後大学では茶道をはじめのめりこみました。このように逆境にへこたれずに、新しいことに挑戦できることが強みです」とESを修正してもよいでしょう。

> LGBTに関することにふれているのであまり
> 人に見せたくないです

まずはカミングアウトをしている友人や家族など、身近な人に見せてみるだけでもよいです。ただ、誰にもカミングアウトをしていない人は、見せられる人がいないかもしれません。そんなときは、人材エージェントの人に見せてみることをおすすめしています（→65P）。よく知らない人に相談するのは気が引けるかもしれませんが、エージェントは国の許可を受けており、就活生・転職者の情報を徹底管理することが義務づけられています。ですので、もしカミングアウトをしても勝手に広められることはまずないので、安心してください。

POINT

- ■ ESを読んだ人からもらった質問を面接対策につなげる
- ■ エージェントやキャリアセンターを有効活用する

4 簡潔で読みやすい 履歴書の書き方

▪ 簡潔に読みやすさを重視しよう

　履歴書は、自分の学歴、経験などの経歴を企業に知ってもらうための書類です。次に示すポイントを参考に、簡潔に読みやすくまとめることを心がけましょう。

・学歴

　正式名称を書きます。中退や浪人などを経験している場合は、理由を説明する必要はありませんが、面接で質問されることもあるので、あらかじめ答えを用意しておきましょう。

・職歴

　転職では、すべての入退社歴を省略せずに記入します。退社理由については基本的に「都合により」で問題ないですが、企業側の問題で離職に至ったときは、「会社倒産により」などの理由を書き添えてもよいでしょう。

　退職後に半年以上の就業していない期間がある場合、その理由を端的に記すことをおすすめします。ネガティブにとらえられない説明方法や、くわしい職務内容の書き方については、次節で説明します。

・記入方法

　パソコンで入力して印刷する形式と手書き、両方のパターンがあります。手書きの場合は、字が下手でも丁寧に書くことが大切です。

　企業によっては履歴書を社員データとして入社後も保管しておく場合もあるので、誤字・脱字のないように書きましょう。

・趣味

　ESと同様、履歴書をもとに面接で質問されることがあるので、趣味から得たもの、自分の面白みなどを紹介できる内容にしましょう。

・資格

取得している資格を書きます。取得見込みの場合は、「○月に取得予定」や「○○検定○級取得を目指して勉強中」と記入してもよいでしょう。

■ トランスジェンダー・Xジェンダー向けの履歴書の書き方

ESや履歴書を提出する際に、戸籍性を変更していないことなどで、とまどってしまうトランスジェンダー、Xジェンダーの声が多く寄せられています。とくに多いのは、次のような悩みです。

性別欄や通称名、証明写真はどのように表現すればよいですか?

これまで考えてきたセクシュアリティのスタンスや（→42P）、いつカミングアウトをしたいのかによって、履歴書の記入内容を考えましょう。

近年は、就活生や転職者の負担を考慮した、企業サイトや就職サイトも徐々に増えてきました。たとえば、性別欄に「任意記入」や「性自認の性で記入可能」と明示されていたり、「その他」欄が設けられていたり、そもそも性別記入欄を廃止しているところもあります。

ここでは、こうした配慮がない場合の書き方を紹介します。あくまでカミングアウトのタイミングに合わせた記入例ですので、自分の状況にあった書き方を選んでください。

・性別欄

①選考前からはっきり伝えたい場合

性自認の通りに記入して、備考欄に「トランスジェンダーなので戸籍性は男性、性自認は女性です」と説明する。

②入社後もしばらくはカミングアウトをしない場合

戸籍性の通りに記入する。

③ESでは伝えず、面接の様子を見て決めたい場合

一旦は戸籍性の通りに記入して、様子を見る。

④面接中または内定後には必ず伝えたい、聞かれたら伝えたい場合

性自認の通りに記入して、手続き上必要なタイミングで伝える。セクシュアリティに関する記述は単独で書くのではなく、自己PRや志望動機にからめて書いた方が、相手に伝わりやすくておすすめです（→96P）。

Xジェンダーも同様に備考欄や志望動機、自己PR欄を活用しましょう。

・氏名欄

通称名で問題ありません。しかし、入社後に保険等の手続きを行うため、選考中、または内定後には相談する必要があります。

それをふまえて戸籍名と通称名を並列して記入し、備考欄に補足をする方法もあります。

・証明写真

自分がのぞむ性表現で問題ありません。証明写真の目的は本人確認なので、選考や入社にのぞむときのセクシュアリティに合わせるとよいでしょう。身だしなみの解説を参考に、清潔感のある写真を撮りましょう（→22P）。

履歴書の性別欄には性自認の性別を記入しました。内定後にカミングアウトをしたら、虚偽記載だといわれ、問題にならないですか？

戸籍の性別と異なる性別を記入したからといって、虚偽記載にはなりません。内定後・入社後の戸籍提出時など、自分が希望するタイミングで伝えましょう。

万が一、企業から虚偽申請だといわれ問題になった場合は、総合労働相談コーナー（→140P）に連絡するなどして、毅然とした対応をとりましょう。

女子校出身のトランスジェンダー（FtM）です。履歴書を提出する際にカミングアウトする必要がありますか？

場合によっては、記入ミスだととらえられてしまう可能性もあります。ただ、嘘を書いているわけではないのでそのままでもよいですし、口頭で説明することが不安な場合は、性別欄にトランスジェンダーと書いたり、備考欄で補足しても

よいでしょう。

　備考欄に書かなかった場合は、面接で質問を受ける可能性があるため、その際に焦ったり、いいよどんでしまってマイナスな印象を与えないよう、「自身がトランスジェンダーであり、性自認に合わせた就業をのぞんでいること」を簡潔に説明できるように練習しておけば、安心して面接を受けられます。決して悪いことをしているわけではないので、自信をもって説明しましょう。

■ 筆記試験の種類と傾向を把握しておこう

　ESと履歴書を提出した先に待っているのが、筆記試験です。重視する企業、それほど重視しない企業、そもそも行わない企業があります。

　筆記試験は大きく2つのタイプがあり、志望企業の傾向を調べて効率的に勉強しましょう。

①論理性、計算能力が試される適性検査
- ・SPI：国語と数学の能力を測る基礎能力適性検査と性格適性検査
- ・GAB：主に総合職向けの試験
- ・CAB：主にコンピュータ職向けの試験

②知識が試される一般教養識試験
- ・学力テスト：5教科の知識と学力が試される
- ・時事問題：社会への関心の高さ
- ・論作文：自分の考えを論理的に組み立て、的確に伝えられる能力

POINT

- ■ 履歴書は簡潔に書き、採用担当者の読みやすさを意識する
- ■ セクシュアリティのスタンスに合わせて表現方法を決める
- ■ 性自認に合わせた履歴書が虚偽申告になることはない

5 経歴を強みに変える 職務履歴書の書き方

● 過去の経歴を知ってもらうための書類

これまでどんな仕事をし、どんな経験を積んできたのかを端的に伝える書類が、職務履歴書です。中途採用では、スキル面でのマッチングがより重視されるため、キャリアの棚卸を行い、ニーズに合致した内容を作成することがポイントです。企業の視点に立ち、即戦力として活躍できる人材であることが伝わりやすい書類を作成しましょう。

書類のフォーマットや書き方に決まりはありませんが、「職務経歴書 テンプレ」といったキーワードでウェブ検索して、自分にあったものを選んでください。基本的な書き方についてはウェブ上に解説記事が多数あるので、チェックしましょう。

● 職歴に不安がある場合の書き方

ここでは、職歴に不安がある人に向けた書き方のテクニックを紹介します。書くときのポイントは、前向きな姿勢で志望動機や入社意欲につなげることです。

就業していない空白期間（ブランク）があったり、職歴に自信がないと、応募すること自体をためらってしまったり、転職理由があいまいになりやすい傾向にあります。だからといって、嘘を書くなどしてブランクを偽るのは、後々トラブルになるのでやめましょう。

● 前職でうつ病になるなど、精神的に休息を入れた期間の説明方法

最近ではうつ病に対して理解ある会社も増えているので、必ずしも伝えること自体がマイナスになるわけではありません。まだ病状が安定していなかった場合

は、再発する可能性もふまえて、面接中に伝えておいた方が適切な配慮が受けられる可能性もあります。

　ただ、ストレス耐性が低いと思われることも多いので、<u>病状が安定していて仕事に影響がないなど、伝える必要がないと判断するのであれば、あえて明記しなくてもよいでしょう</u>。その際も半年以上のブランクは企業が気になるポイントなので、次のような形で説明しましょう。

ブランクがある場合の説明方法

前職が多忙であったため、退職をしてから転職活動をはじめました。また自分自身のキャリアを真剣に見つめなおした結果、ブランク期間が長くなりました。この期間を通じて、自身の強みであるねばり強さを活かせる業界で働きたいという思いが強くなり、御社では顧客窓口に挑戦したいという意欲をもっています。

　転職中にキャリアや将来について考えたことや、可能であれば<u>勉強などをして高めたスキルについても言及できるとよい</u>でしょう。最後には志望動機につなげ、入社意欲の高さをアピールしてください。

● 退職理由・転職理由のネガポジ変換

添削前の転職理由

前職がLGBTに理解がなく、LGBTフレンドリーな御社を志望しました。

　これでは「給料が高いから志望しました」というのとあまり変わりません。また採用担当からすると、現場でたまたま理解のない人が一人でもいた場合、「またすぐ辞めるのではないか?」と思われてしまうかもしれません。自分の強みなどに結びつけて、自分ならではのストーリーで説明しましょう（→96P）。

添削後の転職理由

私は前の会社で法人営業という業務を行い、月間成績上位になることもありました。ただ、前職は個人主義が徹底しており、チームと連携しながら働きたいという気持ちが強まると同時に、私自身もカミングアウトできないことで、周囲との壁をつくってしまっていたことも事実です。自分の人生を見つめ直す中でも、次の職場ではパフォーマンスを上げて自分らしく働くことで、チームで結果を出す仕事がしたいと思い、御社を志望しました。

107

最初に自身の成果をアピールしつつ、LGBTフレンドリーだからだけでなく、他の理由も交えるのがポイントです。自分らしく働くことで、パフォーマンスが上がった結果、企業の成果につなげていけることをアピールできます。

■ その他のさまざまなネガポジ変換

> **上司からパワハラを受けていた場合**
> 上司からの指示通りに動くのではなく、自発的に裁量をもって活躍したいと思い転職を希望するようになりました。

> **労働時間が長く、休日が少なかった場合**
> 前職では月の残業時間が100時間を超え、業務の効率化や自己研磨に当てられる時間がまったくありませんでした。ただ仕事をこなすのではなく、自らのスキルアップにもっと時間をあて、さらに成長しながら企業や社会に貢献したいと思うようになり転職活動をはじめました。

> **3か月など短期間で退職した場合**
> 前職では営業職を希望して入社しましたが、実際に配属されたのはカスタマーサポート部門でした。お客様と向き合い、ニーズを知る機会にはなりましたが、自身のこれまでの経験をフルに活かせないと上司に転属願を出しました。しかしながら、転属が難しいといわれ、退職いたしました。

■ 未経験の転職は意欲とポテンシャルを示す

　最近では、中途採用でも未経験者を採用する事例が増えています。ただし、前職から給料などの条件が下がる可能性があることは、視野に入れましょう。

　また未経験者を求めている企業は「誰でもいい」と思っているわけでは決してありません。新卒採用と同じように、その人が未経験からでも成果を発揮する人材になれるポテンシャルをもっているかを重視しています。

　新卒採用と異なり、卒業後の経歴も評価の対象に入ります。卒業後の経験を振り返り、転職目的と志望理由を明確にしてのぞみましょう。就業経験があまりない場合は、Chapter 2の自己分析からはじめてください。

● 未経験からの転職理由を書くときのポイント

> **転職理由のNG例① 後ろ向きな姿勢**
> 前職では結果を思うように出せなかったので転職したいと思っています。

　前職で結果を出し、これ以上の伸びしろがないということでの転職なら、次の仕事でも活躍するイメージをもてます。しかし、前職の結果が中途半端なままでは、「転職しても同じ結果では？」と思われてしまいます。

　この場合は、前職で学んだ経験とスキルを活かせるという話につなげた方がよいです。

> **転職理由のNG例② 自分本位**
> 就業経験があまりない（ひきこもり、フリーターなど）のでスキルアップしたいです。

　スキルアップを目的とするのはよいですが、大切なのは自分がスキルアップをした結果、企業にどのような成果をもたらすことができるのかを伝えることです。「御社で営業という業務をこなしながら、スキルアップをし、お客様に喜ばれる仕事がしたい」など、しっかりと目的意識と入社意欲を示しましょう。

　また、フリーターの場合、たとえばコンビニのアルバイトひとつとっても、接客スキルやバイト仲間とのコミュニケーション能力、時間通りの出勤などアピールできるところはたくさんあります。最初から「自分には誇れる経験がない」とネガティブに考えすぎず、これまでの経験をしっかりと棚卸ししましょう。

POINT

- ブランクや退職・転職理由がネガティブな場合、嘘はつかずに、前向きな志望動機や入社意欲につなげて説明する
- 未経験からの転職は、入社意欲とポテンシャルが決め手
- 就業経験がなくてもバイト経験の棚卸しを行い、スキルアップ後にどのようにして企業に貢献するかという展望まで伝える

サリー楓さんの場合

■ 建築家に憧れて〜就活から内定までの流れ

　私は幼いころから建物が好きで、小学校2年生の頃には建築家になることを決めていました。卒業文集には「世界規模の建物をつくりたい」「誰にでも優しい建物が必要だ」といったことを書いていました。

　そのまま興味が続き、大学と大学院では建築とマーケティングを学びました。大学院1年生の1月あたりに就職活動をはじめ、3月に3社の内定を受けました。

　最終的には経営者の話に最もワクワクした建築業界の大手企業に就職を決め、小学生からの夢だった建築の世界で今日も働いています。

■ 就活は、企業と学生がお互いに審査する場所

　転職や独立を行わない場合、新卒の学生はほとんど半世紀もの時間を会社員として過ごすことになります。ですから、就活というと企業に審査されることばかり心配してしまいますが、企業が学生を審査するのと同じように、学生も企業を審査するべきなのではないでしょうか。

　そういった意味では、あなたがLGBTであるかどうかに関係なく、LGBTフレンドリーやCSR、SDGsなどへの取り組みは、私たちが企業を「審査」するための試金石となります。

　それは、職場環境が心地良いか悪いかといった問題を超えて、企業の将来性や風土を理解することにつながります。私の場合、OP訪問やインターン、株主総会・経営報告会などで企業が発行する資料を参考に、企業への理解を深めていきました。

■ カミングアウトによって不遇を受けた場合

　カミングアウトをするかどうかは自分の意思で決めるしかないと思いますが、カミングアウトによって不遇を受けたとしても気を落とさないでください。現代の企業は大なり小なりグローバル競争の可能性に晒されています。

　昨日まで栄えていた企業が、ある日突然、斬新な発想のベンチャー企業に
ひっくり返されてしまう……。そういった時代では、ジェンダー・人種・宗教な
ど、すべてにおいて多様な視点をもっていることが企業の資産になります。

　逆をいえば、むやみに多様さを排除する企業があるとすれば、それは時代
に逆行しているということです。不遇を受けた場合は、「ハズレだと分かってよ
かった、就職しなくてラッキーだった」と喜ぶぐらい大きく構えてもいいのでは
ないでしょうか。

　私の場合、トランスジェンダー当事者であることをポジティブに受け取っても
らえるように、カミングアウトの段取りを工夫しました。今の職場では国際プロ
ジェクトや多くの方々が利用する大規模な施設を計画するときに当事者として
の意見が役に立つことがありますが、そういった可能性を説明しました。

　あなたの大切にしている考え方や生き方を企業側の視点から組み立て直す
といいかもしれません。とくに思いつかない場合は、「多様な視点が企業の資
産になる」という私の話を引用しても構いません。

　ただし、カミングアウトが受け入れられるということと、あなたが評価される
ということは別の話なので、その企業で働くのに必要な素養や技術があると
いうことが大前提です。

　個性や多様性だけでは就活を突破できない、ということも忘れないでくだ
さい。

一言メッセージ

就活は、社会や経済といった大きな文脈の中で、
「私は何者なのか?」を自問自答する機会になりま
す。ときに新しい自分に気づかされることもあります。
そこには宝石の原石を割る瞬間のような楽しさがあ
ります。あなたの原石は何色でしたか?　就活が終
わったら教えてくださいね。

世界の多様な性のあり方

社会にLGBTという表現が広まる以前から、世界には多様な性のあり方がありました。ここではその一例を紹介します。

ガトゥーイ（Kathoey：タイ）
主に男性として生まれ、男性を恋愛対象とし、女性的な性表現をする人を指します。

ヒジュラ（Hijra：南アジア）
主に男性として生まれ、女性的な服装や髪型、仕事をする人を指します。

ハニース（Khanith：アラビア半島）
女性的な特徴をもち、同性を恋愛対象とする男性を指します。

ブルネシャ（Burrnesha：バルカン半島）
男性の仕事を担い、男らしい名前をもつなどの地位を与えられている女性を指します。

フェミニエロ（Femminiello：ナポリ）
男性として性別を割り当てられながら、女性として生活する人を指します。

ファファフィネ（Fa'afafine：サモア諸島）
男性として生まれ、女性の社会的、文化的な特徴をもつ人を指します。

マーフー（Māhū：ハワイ、タヒチなど）
中性的もしくは両性的な特徴をもつ人を指します。

ムシェ（Muxe：メキシコ）
男性として生まれながらも、女性性をもつ人を指します。

トゥー・スピリット（Two-Spirit：北アメリカ）
ネイティブ・アメリカンの部族によってさまざまな定義があり、主に異性装をしたり、部族内で異性の役割を担う人々を指します。

面接

自分の言葉で
伝えよう

面接官のLGBTへの理解は千差万別

● LGBTへの社会の理解は高まりつつあるが……

　同性婚の賛否を問うアンケートでは、約8割近くの人が賛成意見を述べており[*1]、メディアでもLGBTという言葉をよく見かけるようになりました。社会全体のLGBTへの理解は、日に日に進んでいるといえるでしょう。

　一方で、<u>LGBTという言葉を知っているからといって相手が「理解している」とは限りません</u>。理解の程度は人それぞれ異なり、話をしてみないとわからないのが現状です。

　こうした理解の幅があることの要因としては、セクシュアリティに関する教育がきちんとなされてこなかった教育面での背景や、日常生活ではクローズドにしている人の方が多いためLGBTが身近な存在だと感じる機会が少ないことなどの社会的な背景も挙げられます。

● 面接官の理解の程度には、ばらつきがある

　LGBTへの理解の程度には人それぞればらつきがあることは、就活・転職の場面においても同じことがいえます。

「企業のウェブサイトにはLGBTフレンドリーと記載されていたのに、面接官にカミングアウトをしたら驚かれた」

「3次面接まではカミングアウトをしても理解が得られたが、最終面接でLGBTの話をしたら難色を示された」

「カミングアウトをしたらプライベートにふみ込まれて不快だった」

　このように、面接の場面でLGBTの就活生・転職者が困惑したり、焦った

りすることで結果に悪影響を及ぼしてしまった、という事例もよく聞かれます。

　たとえLGBTフレンドリーな企業だったとしても、価値観は人それぞれ。<u>すべての面接官が同じように理解しているとは限らない</u>のです。

面接官の理解がなかったときを考えると、恐いです。何か対策はありますか?

　理解のない場面に立ち会うと、がっかりして嫌な感情が表に出やすいものですが、それが表に出てしまっては、面接の印象もプラスにはなりません。

　明らかに<u>面接官の配慮が欠けていたとしても、次の3つの心がまえを事前にもっておくこと</u>で、もしものときに受け身にならずに対応しやすくなります。

①LGBTへの理解は千差万別

　社会状況、周囲の環境、個人の考え方により理解の程度はさまざまだと考えましょう。<u>面接はLGBTについて理解してもらう場ではない</u>ので、その場で無理に理解を促す必要はありません。

②面接の目的を見失わない

　面接は企業と就活生・転職者との交渉の場。<u>企業が求める「自社で成果を出す人材」と就活生・転職者の「適性・人柄・考え方」のマッチングの確認が目的</u>だということを忘れず、気持ちを切り替えて対応しましょう。

③企業を見る目を養う

　面接は自分が企業から評価されるだけではなく、自分が企業を選ぶ立場でもあります。たとえ入社したとしても、周りの環境がストレスになり、仕事のパフォーマンスが発揮できない可能性もあります。面接も情報収集の一環だと思い、<u>企業を見る目を養っていきましょう。</u>

※1 電通ダイバーシティ・ラボ「LGBT調査2018」

1

面接にのぞむ前に決めておくべきこと

DISCUSSIO

■ 雰囲気に流されたカミングアウトは避ける

　カミングアウトのスタンスを決めずに面接にのぞんだところ、「苦労した経験は?」と聞かれ、とっさに「セクシュアリティが原因で不登校になりまして……」とうっかりカミングアウトをしてしまい、面接官から深掘りされてパニックになってしまった、という人がいました。

　Chapter 2でお話ししたように、カミングアウトのメリット・デメリット（→43P）をふまえてスタンスを決めておかないと、思いがけない質問に動揺してしまったり、仕事と関係のない話にずれてしまったりと予期せぬ失敗につながることがあります。

　面接をスムーズに進めるためにも、改めてカミングアウトのスタンスを確認してから面接にのぞみましょう。

■ カミングアウトのタイミングは、自己PRや体験にからめて話そう

　面接でカミングアウトをする場合は、そのタイミングをあらかじめ考えておきましょう。ポイントは、次の例のように自己PRや体験にからめて話し、面接を有利に運ぶことです。

面接官「学生時代に苦労したことは何ですか?」

回答例「はい。高校生のとき、1年間の不登校を乗り越え、学校を卒業したことです。私はゲイで、中学生時代に同性に惹かれることに気づきました。そのことが原因でいじめられ、高校2年生で不登校になりました。しかし、家族の支え、友人の支え、先生のサポートを経て、学校に戻ることができました。1年間の勉学の後れをとりましたが、いじめられたことをいい訳にしたくないと奮起し、一層勉強に励み、受験では志望の大学に進むことができま

した。この苦労を乗り越えた経験が、大きな自信になり、逆境を励みに努力をする力が私の最大の強みと自信になりました」

このように答えることで、LGBTであることをカミングアウトしつつ、強みをアピールすることができます。

LGBTの話に限らず、ネガティブなエピソードをポジティブな話につなげて伝えることは、面接で常に意識してほしいポイントです。ネガポジ変換（→41P）も参考にしてください。

▪ 面接終了前のタイミングで伝えるとき

自己PRや志望動機のエピソードの中で伝えられなかったり、タイミングを逃してしまった場合は、焦らずに次の例のように面接の最後に伝えるのもひとつの手です。

面接官「最後に何かご質問などございますか?」

回答例「今日は貴重なお時間をいただきまして、ありがとうございました。最後にお伝えしておきたいことがあります。私はトランスジェンダーです。女性の身体をもって生まれてきましたが、心の性別は男性です。御社に入社した際も、性自認である男性として働きたいと思っています。面接の趣旨とは関係のないことかもしれませんが、私にとっては大切なことなのでお話しさせていただきました。性別と仕事の能力はまったく関係ないと私自身思っておりますので、入社した暁には御社で一人のビジネスパーソンとして、精一杯活躍できるよう、これからも一層励んでまいります」

▪ カミングアウトをしないときも準備をしておこう

カミングアウトをしない場合でも、しないなりに対策を練っておくことをおすすめします。

何となくその場しのぎに誤魔化してしまうと、人を見るプロである面接官に「何か隠しごとがあるのではないか」と不信感をもたれたり、つっこんだ質問をされて困ってしまうことがあるかもしれないからです。

たとえば「学生時代に力を入れたことは何ですか?」と聞かれたとします。本

当はLGBTサークルの代表を務めたことですが、何となく国際交流サークルの話に置き換えて話した結果、あまり心のこもっていないエピソードになってほしい、面接官に「あまりがんばっていなかったのかな」と思われてしまう可能性があります。

あやふやな発言は本心でないと伝わる可能性が高いので、<u>あらかじめ無理のない回答を考えて、練習しておく</u>とよいでしょう。

隠すことはなんとなく後ろめたい気持ちになってしまいますが、カミングアウトをするか・しないかは、どんなときも本人が選択することです。自分の選択に誇りをもってください。

カミングアウトをして面接にのぞむことにしました。性自認に合った性表現やふるまいにまだ慣れず、ルックスにも自信がありません

面接までに時間があるのならば、性自認に合った表現で、なるべく多くの人に会って話をし、少しずつ慣れていきましょう。

できれば社会人と話をしたり、表現やふるまいのアドバイスをもらったり、面接の練習をしてもらえたらベストです。

ただ覚えておいてほしいことは、<u>男性に見えるか、女性に見えるかは仕事の本質</u>ではないということです。

それよりも社会人として礼儀あるふるまいができるか、適切な言葉を使えているか、清潔感があるかなどの重要なことを忘れずに、過度に意識しすぎないようにしましょう。

ルックスは選考には関係ありませんが、<u>身だしなみは第一印象を左右する重要なポイント</u>です（→22P）。堂々としたふるまいで笑顔を心がけ、面接を楽しむくらいの気持ちでのぞんでください。

カミングアウトをするかどうかはまだ決めていませんが、いざというときのためにどのように練習しておけばよいでしょうか？

　自分がLGBTであることを知っている家族や友人に頼んで、<u>想定される質問集にもとづき、あらゆる場合の予行演習をしておきましょう</u>（→124P）。

　練習相手がいなければ、一人で練習する様子をスマホで録画して、自分の話し方や話している内容を振り返り、良い点と悪い点を書き出して、改善していくことをおすすめします。

カミングアウトの仕方にコツはありますか？

　いつ誰にカミングアウトをするかによっても、伝え方はさまざまです。それが友人であっても面接官であっても、ひとつ意識してみるとよいのが<u>「カミングアウトをした先に、相手に何を求めるのか」という意図を伝える</u>ことです。

　エピソードの中で単に触れるだけなのか、理解しておいてほしいのか、あるいは福利厚生など制度面で確認したいことがあるのか、ということがはっきりしているだけで、相手の受け取りやすさは大きく違ってきます。

　唐突にカミングアウトだけをしてしまうと、マイナスな印象につながることもあるので、自己PRや志望動機などのエピソードの中に織り交ぜながら伝えるとよいでしょう。

POINT

- ■ カミングアウトは自己PRや体験にからめて話すとよい
- ■ カミングアウトをするか・しないかは、自分で選択する
- ■ カミングアウトをすると決めたら、タイミングや話し方をあらかじめ準備しておく

2 魅力を高める コミュニケーションの ポイント

DISCUSSION

▪ 面接は取り繕わずに、等身大の自分でのぞもう

　面接は面接官からの質問に対して、自分の言葉で的確に答えることが大切です。また、面接前には身だしなみもチェックし、<u>等身大の自分で誠実な態度でのぞみましょう。</u>ここではコミュニケーションのポイントを7つ紹介します。

▪ ポイント① 面接は貴重な時間

　面接は、選考の決め手になる非常に大事な時間です。企業も多くの就活生・転職者の書類選考をしたうえで、面接の時間をつくっています。

　自信がないと、落とされることが怖くなり「どうせ私なんて……」と最初から予防線を張ってしまうものですが、<u>誠意をもって前向きなコミュニケーションを心がけてください。</u>

　面接は、通る確率よりも落ちる確率の方が高いです。ネガティブな姿勢は悪循環に陥りやすいので、「その場を楽しもう」と気持ちを切り替えましょう。

▪ ポイント② 相手をよく見て話す

　対人関係にトラウマなどがあるLGBTや、自分がどう見られているのかが気になってしまうトランスジェンダーの中には、相手の目を見て話すことに苦手意識をもっている場合があります。

　気持ちが前向きでも、うつむきながら話してしまったりすると、面接官からは消極的な印象をもたれてしまいます。じっと見ている必要はありませんが、たとえば<u>相手の眉間の部分を見る</u>などして、自信があるかのように見えるコミュニケーションを心がけましょう。

● ポイント③ 相手の話を聞く

「コミュニケーション能力が高い」＝「話をするのがうまい」と思われがちですが、円滑なコミュニケーションの秘訣は、相手の話を聞くことにあります。

　とくにグループディスカッションや集団面接においては、自分の話をすることだけに意識を傾けた言動をしてしまうと、マイナス評価に直結してしまうので、気をつけましょう。

● ポイント④ 質問の意図を考える

　たとえば、「苦労を乗り越えた体験はありますか？」という質問から面接官が知りたいことは、苦労した内容そのものではなく、苦労をどのように乗り越えて、どのような学びを得て成長したか、ということです。その場で意図を推測するのは難しいこともあると思いますが、事前に練習すれば臨機応変に対応する力が鍛えられます。

● ポイント⑤ ネガティブエピソードは同情ではなく共感につなげる

　企業は面接を通して、就活生・転職者が成長できる人物かどうかを確かめたいと考えていることが多く、過去の失敗や苦労などネガティブな切り口での質問もよくあります。

　その際に気をつけたいことは、つらいエピソードをそのまま話して、相手に同情を求めないようにすることです。たとえばカミングアウトをしたときに、面接官から「過去に何かつらい経験をしましたか？」と聞かれたとします。そのとき、次のAさんとBさんではどちらの方がふさわしい受け答えでしょうか。

　Aさん「LGBTが原因でいじめられて、とてもつらく悲しい経験をしました」

　Bさん「LGBTが原因でいじめられて、つらい体験をしましたが、自分に正直に向き合えたことで自信につながりました。家族や友人にも感謝しています」

　Bさんの方が、Bさん自身の人柄が伝わると同時にタフな印象を受け、同情ではなく共感を得ることにつながります。面接はカウンセリングの場ではないので、ネガポジ変換（→41P）も参考に共感される話し方を意識しましょう。

● ポイント⑥ 質問には簡潔に答える

　質問に答えるときは、最初に結論を簡潔に述べてから、その後の話を続けましょう。また質問に対する回答として、複数の根拠や経験を話す場合は、たとえば「御社を志望する理由は3つあります。1つ目が○○で、2つ目が○○、3つ目が○○です。まず1つ目から説明します……」というようにまとめると、面接官も理解しやすく、論理的な印象を与えることができます。

● ポイント⑦ 話は盛らない

「たいしたエピソードがない」と思ってしまうと、つい大げさにいいたくなります。しかし面接官はプロです。「嘘をついた」と思われてしまう可能性があります。また、仮に話を盛ってうまくいったとしても、入社後に実力と見合っていない職場に入ってしまった場合、お互いに不幸な結果になるリスクもあります。

　必要以上によくみせることなく、事実を誠実に伝えるように心がけましょう。

もともとうまく話すことが苦手で、質問にもきちんと答えられるか心配です

　あらかじめ、想定される質問とその答えを用意し、実際に誰かと練習して慣れておくのが一番効果的です。人から見ると話がうまいと思われる人も、練習を重ねています。

　また、話の内容だけではなく、見た目や表情・態度などの視覚情報、口調や話し方などの聴覚情報によるものも、相手に与える印象を大きく左右します。

　話すことが苦手でも、誠実に一生懸命に話している姿勢や、笑顔を心がけることによって、印象は大きく変わるでしょう。

面接にはどのような種類があり、それぞれで何か気をつけることはありますか？

　面接には、「個人面接」「集団面接」「グループディスカッション」「プレゼンテーション」「ディベート」などさまざまな種類があります。企業によって行う面接は異なります。グループディスカッションや集団面接は、他の就活生が横で聞いていることもあり、緊張したり、恥ずかしくて控えめに話してしまうことがあります。しかし採用枠は決まっており、他の人はライバルです。等身大の自分を出して、後悔しないようにしましょう。

　また、集団面接は採用選考の序盤で行われる可能性が高いです。カミングアウトを考えている場合、他の人に聞かれるのがどうしても嫌なときは無理して話す必要はありません。選考が進んだ後の個人面接で伝えましょう。

いざ自分のセクシュアリティのことを話そうとすると、言葉に詰まってしまいます

　私は普段からセクシュアリティをオープンにしていますが、過去にカミングアウトをして否定されたときのことを思い出すと、いまでも知らない人にカミングアウトをするときに緊張することがあります。

　ただ、経験を積むにつれて相手の反応も予想できるようになります。いきなり第一志望の企業で慣れないまま話すのではなく、インターンシップの選考面接で話したり、志望度がそこまで高くない企業で話したりすることで、少しずつ場数をふんでいきましょう。

POINT

- 面接は、誠意をもって前向きな姿勢でのぞむ
- 自分が話すだけではなく、相手の話を聞くという姿勢も大切
- 質問の意図を考え、ネガティブなエピソードも共感されるストーリーに変換して伝える

DISCUSSION

3 想定される質問を おさえる

■ 型を用意して、志望企業ごとにアレンジしよう

　想定される質問の例を5つのカテゴリーにわけて紹介します。ESの書き方（→94P）で紹介したポイントも参考に、これらの質問に対して<u>自分の言葉で回答を準備しておきましょう</u>。

　ネット上で書かれているような他人が考えた答え方は、面接官に見抜かれてしまい、つっこまれてしどろもどろになってしまう恐れがあるので気をつけましょう。

　自分に関する質問には、自己分析をもとにそのままの自分を伝えましょう。嘘はいけませんが、ここでもネガポジ変換は忘れずに、前向きな姿勢を心がけてください。

　志望動機に関する質問には、自分の長所とうまくからめながら企業で役立つことをアピールしつつ、「どうしてもこの企業で働きたい」という熱意が伝わるように、身ぶり手ぶりを交えて話しましょう。

　業界・企業に関する質問には、相手企業に合わせたアレンジが必要になってきます。Chapter 3の業界・企業研究をもとに、「なぜその企業でないといけないのか」を論理的に説明できるように準備しておきましょう。

　一般教養に関する質問には、何も知らないとまったく答えられません。新聞やテレビ、ネットのニュースなどで普段から情報収集を怠らないようにしつつ、それらに対する自分の考えももっておいてください。

　中途採用の質問では、退職理由と転職目的、ブランクがある場合はその理由も必ず聞かれます。<u>ネガティブなことをそのまま伝えてしまうと、面接官にネガティブな印象を与えてしまうことがあります</u>。

　Chapter 5で書いた職務経歴書と併せて（→106P）、事実は伝えつつも、今

後の抱負につなげたり、ネガポジ変換を行うことで前向きな印象を与えるよう心がけましょう。

想 定 さ れ る 質 問 の 例
自分に関して ・自己紹介 ・長所と短所、強みと弱み
志望動機に関して ・希望職種に活かせる能力 ・大学で学んでいること ・学生時代に力を入れたこと ・苦労を乗り越えた体験、挫折体験 ・趣味、休日の過ごし方
業界・企業に関して ・志望動機 ・業界の魅力、企業の魅力 ・入社後の目標 ・キャリアプラン、入社1、3、5年後の目標 ・インターン、OP訪問の感想
一般教養に関して ・気になる時事ネタ ・国内ニュース、国際ニュース ・SDGs（目標5はジェンダー平等について）
中途採用に関して ・前職について ・退職理由、転職理由 ・入社後にミスマッチだったところ（第二新卒採用） ・卒業後にしていたこと（既卒採用） ・就職活動がうまくいかなかった理由、現在の就職活動との考え方の違い（既卒採用）

POINT

- 回答は自分の言葉で用意する
- ネガティブな内容はポジティブな印象を与えるように心がける

4 グループ ディスカッションを 通過するポイント

● 「得られた結論」よりも「結論に至ったプロセス」が評価される

　グループディスカッションとは、与えられた課題に対して数名のグループで議論を行い、結論を導き出す面接形式のひとつです。一人ひとり役割分担したうえで、話し合いを進めます。

　どのような結論を出すかということに意識が向きがちですが、面接官は話し合いの様子や進め方を観察しています。

　初対面の人と話すことが苦手という就活生からの相談も多いですが、グループディスカッションは選考の序盤に用意されていることも多く、きちんと立ち回れば落とされる可能性を大きく減らすことができます。チームみんなで突破できるよう、自分の個性と強みをうまく活かせる役割を見つけてのぞみましょう。

● グループディスカッションの流れと役割

　グループディスカッションの大きな流れとしては、①テーマの提示、②自己紹介、③役割分担、④議論、⑤まとめ、⑥発表となります。自己紹介では学校名と氏名を簡潔にいいます。制限時間は30分のこともあれば、1時間の場合もあります。

　グループの人数は5〜6人が一般的です。その中で「司会」「書記」「タイムキーパー」を決めることが多いです。司会は、議論の流れがよくなるようにメンバーの意見のバランスをとったり、発言の少ない人がいれば促すようにします。書記は各人の意見のポイントを完結かつ素早くまとめていきます。

　タイムキーパーは残り時間をチームに伝えます。はじめに「残り10分になったら合図しますので、まとめに入りませんか?」と提案してもよいでしょう。慣れない場

なので、本番にのぞむ前に練習や準備をしておくことをおすすめします。

● グループディスカッション突破のポイント

テーマを理解し、チームで目的を達成することが求められています。一人で勝ち抜こうという考えや、自分が目立つことを意識せず、このチームで目的を達成するために自分に何ができるかを考えます。次の3つを意識してみるとよいでしょう。

①自分の適性に合った役割（司会、書記、タイムキーパー、アイデア出し担当など）をある程度、事前に決めておく。

②人の意見をよく聞き、否定しない。反対の意見をいうときは「○○さんの意見も素晴らしいですが、○○という理由から私は別の選択にした方がよいと考えています。どう思いますか？」という形で、相手を尊重しながらしっかりと対案を出し、周りの意見も促す。

③発言の多さより、主体性のある発言を意識する。発言なしはNG。

> グループディスカッションでは、どんな個性や特徴が評価されるのですか？

主に協調性や主体性が評価されるといわれています。面接官は就活生が組織やチーム、会議の中でどんな役割を果たすのかをイメージしながら、観察しています。

だからといって協調性を際立たせる必要はありません。話し合いの中で自然に表れる人柄や個性から、それぞれの企業に合っている人材かどうかが評価されます。

POINT

- 自分の得意とする役割を知っておく
- 一人だけで勝ち抜こうと思わず、チーム全員が突破できるように考える

5 カミングアウトをした ときの一問一答

■ **思いがけない質問に慌てないよう、心がまえをしておこう**

　LGBTに関する知識や理解が十分ではない面接官にカミングアウトをした場合、面接官に悪気はなくても、ときに本人を傷つけ、困惑させてしまうような言動をとってしまうことがあります。

　こうした場面に遭遇したときの一問一答を、カミングアウトをしたとき（本節）としないとき（→132P）に分けて紹介します。これらは、実際にあった面接官の質問です。

　本章冒頭で紹介した心がまえも参考に、なるべく感情的にならずに冷静に対応し、穏便な対応でやり過ごす方法をおすすめします。一方で、理解の乏しい人に対して自分の意見を伝えることも大切なことだと考えています。

　なお、ここでの回答事例は参考程度にとどめ、自分なりの受け答えをシミュレーションしておくと安心です。

■ **場面①　「そもそもLGBTって何?」「性別を変えたいってこと?」**

　相手にLGBTの知識がない場合です。LGBTに関する知識を伝えるタイミングととらえます。「LGBT＝生まれたときの性別を変えたい人」だけであると誤解している人は多くいます。説明に時間をとられすぎないように気をつけましょう。

回答例「LGBTとは性の『あたりまえ』に違和感を抱く人たちで、レズビアン、ゲイ、バイセクシュアル、トランスジェンダーの4つのセクシュアルマイノリティの頭文字をとった言葉です。生まれたときの性別と性自認が一致しないのはトランスジェンダーで、同性愛者や両性愛者など好きになる性におけるマイノリティも含まれます」

● 場面②　「ゲイってことは、心は女なんだよね？」

　面接官が間違った理解をしている場合です。異性愛が当然だと思っている人が抱きがちな誤解なので、端的に説明して誤解を解きましょう。

回答例「いえ、ゲイとは自分を男性として認識しつつ男性を好きになる人を指します。男性が好きだからといって、自分のことを女性だと認識しているとは限りません。生まれたときが男性で、性自認が女性である人はトランスジェンダーです」

● 場面③　「……。」（沈黙）

　相手が挙動不審になった場合です。もしかしたら面接官は、知識としては知っていても実際にカミングアウトをされるのははじめてで、言葉選びに迷っているのかもしれません。「誠意をもって対応してくださっているんだな」と余裕をもってとらえ、相手の対応を待ちます。

　必要に応じて、LGBTについて軽く説明したり、LGBTをからめた自己PRなどの話をして、こちらも丁寧なコミュニケーションを心がけましょう。相手が挙動不審になったからといって、こちらも動揺してしまわないようにし、むしろ話の主導権を握るくらいの気持ちに切り替えましょう。

● 場面④　「そうなんですね」「はい、わかりました」

　まったく気にされない場合です。相手の反応が思ったより薄かったからといって、焦って話を軌道修正しないでください。むしろ、フラットにLGBTであるとは関係なく見ている証拠なので、あらかじめ用意していたストーリーを話し、しっかりと自身の強みや志望動機などのエピソードを伝えることが大事です。

● 場面⑤　「日本のLGBT事情はどうなっている？」「LGBTは何に困っている？」「同性のパートナーはいる？」「身体はどうなっているの？」

　選考に関係のない質問が続いたり、拒否された場合です。面接官が知りたいことは、社会一般のLGBTに関することなのか、個人のことなのか、質問の意図

を考えましょう。社会一般に関することなら、手短に説明しつつ自己アピールや経験にうまくからめて、面接の本題（仕事について）から離れないようにします。

回答例「細かい説明をすると時間がかかってしまいますので、手短な説明でご容赦ください。LGBTと一括りにいっても、困るポイントは人それぞれです。私はレズビアンであることで『彼氏いるの？』といった何気ない質問に答えづらいことがあります。ただこうした経験から、人によってはポジティブに聞いたことでも、ネガティブにとらえることもあると気づくことができ、相手の気持ちに寄り添ったコミュニケーションができるようになりました」

　自分自身に関することなら質問に対応しつつも、もし面接官の知識不足やLGBTであることを好奇の目で見ているように感じられたら、さりげなく本題の話をしたり、丁寧に話を終わらせます。とくにパートナーの有無、身体がどうなっているかなどは仕事にはまったく関係ありません。単純なセクハラでもあるので「プライベートなことなので……」と軽く受け流しましょう。

　面接は、面接官に対してLGBTのことを説明する場ではなく、就活生・転職者と企業のマッチングの場です。「御社では、LGBTやダイバーシティに関する取り組みを何かされていますか？」と逆質問をしてもよいでしょう。

　万が一、差別的な面接官に出会ってしまったら、その人だけの問題なのか、職場環境にもつながりそうなことなのか、面接以外の情報もふまえて冷静に見極めます。職場として理解がないように感じた場合は、「入社前に気づけてよかった！」と前向きにとらえ、次に切り替えましょう。

場面⑥　「LGBTへの理解を促す研修プログラムを立てるとすると、どのようなものがよいでしょうか？」

　理解ある対応で、励ましてくれた場合です。LGBTフレンドリーな企業や面接官次第では、セクシュアリティの話が自己PRのチャンスとなる場合があります。自分なりの意見がいえるよう、これまでの体験を話せるように準備しておきます。

　これから自分が働くことも想像し、企業に提案できるアイデアとその実行案をいくつか用意しておくとなおよいでしょう。

回答例「私は、日本でLGBTの理解が進んでいないのは、カミングアウトをして

いるLGBTが少なく、職場の中で身近な存在だと思われていないことが原因だと考えています。ですので、研修プログラムを立てるときは、LGBTの講師のライフヒストリーを交えたり、カミングアウトをされたときの対応を学べるワークショップなどを行うのがよいと思います」

場面⑦　「LGBTであることは仕事とは関係ないからいわなくていいですよ」

この場合、相手がどのような意図で発言したかを、しっかりと見極めましょう。フラットに見ているからこそ「LGBTであることと評価は関係ない」という意味でいっている場合もあれば、「性の話を職場にもち込むなんてけしからん」という意味で、カミングアウトを制している場合もあります。

どちらにせよ、唐突にいったように思われないように自己PRや志望動機につなげて、LGBTであることが自分のアイデンティティであることを伝えましょう。

回答例「はい、私もLGBTであることと能力はまったく関係ないと思っております。一方で、私自身、当事者として参加したLGBTサークルで、自身のセクシュアリティに悩むメンバーを見てきました。LGBTであることは、誰とともに過ごしたいか、どのように生きるか、といったアイデンティティに関わることです。だからこそ、それがマイナスにならず、誰しもがフラットに生きられる社会づくりに貢献できる社会人になりたいと思っています」

また、次のように伝えた理由をはっきりということも考えられます。

回答例「私はトランスジェンダーで、まだ戸籍の性別を変えていません。今後は自認する性別で働きたいと思っており、面接の趣旨には関係ありませんが、大切なことなのでお伝えしました」

POINT

- 相手の対応を事前に想定していれば、恐れることはない
- つらい思いをしたときは「入社前に気づけてよかった」ととらえる

6 カミングアウトをしないときの一問一答

DISCUSSIO

■ あらかじめ決めておいた自分のスタンスを尊重しよう

カミングアウトは誰からも強制されることではないので、場の空気に流されず、あらかじめ決めておいた自分のスタンスを尊重することが大切です。

カミングアウトをしないと決めた場合、LGBTに関する受け答えの中で相手に嘘をついているのではないかと思う人がいるかと思います。ですが、カミングアウトをいつ、誰に、どこでするかはすべて、自分が決めるべき大事な選択です。

決して嘘をついているのではなく、「いまは伝えない」という判断をしているに過ぎません。自分を責める必要はないのです。

■ 場面①　「LGBTサークルに所属してたということはあなたもそうなの?」

少しつっこまれた場合です。何らかの理由で勘づいた面接官から、デリカシーのない質問をされることがあります。カミングアウトを促す発言はよくないということを知らない面接官もいるでしょう。

ここでは、セクハラやカミングアウトの強制だと怒り、ペースを乱さないことが重要です。

心の中では失礼だなと思いつつも、次のように軽くかわしましょう。そして、これも企業を選ぶひとつの判断材料ととらえましょう。

回答例「LGBTの理解者のことをアライといいます。私もアライとして参加していました」

■ 場面②　「LGBT、はやってるもんね。どう思いますか?」

こちらからカミングアウトはしていませんが、LGBT関連のボランティア活動の

話をした際などに返ってくる意味深な質問の場合です。まず質問の意図を考えます。

　ポジティブな意図で社会的な課題としてシンプルに尋ねてきたようなら、面接官から「なるほど、勉強になりました」といった声が返ってくるような知識や意見を伝えます。

回答例「今までも当事者が一定数いたと思うのですが、社会が変わってオープンにできるようになってきたことが一因だと思います。はやり・すたりというものではなく、はやりが終わったからといって当事者がいなくなるわけではないと、私は考えています」

　一方、LGBTをあまりよく思っていない印象なら、次のように正面から受け止めずにかわすのも手です。

回答例「はやっているかどうかわかりませんが、最近テレビやネットでもよく見かけるようになりましたね!」

■　場面③　「結婚や出産は考えていますか?」「彼氏・彼女はいるの?」

　異性愛者だと思われている場合です。LGBTに関係なく、単純にセクハラにもなるような質問をよかれと思ってたずねてくる面接官は意外と多くいます。

　簡単に答えてもよいですが、あからさまに嫌な顔をせず、軽く受け流すのも手です。しつこいようなら他の話題に切り替えましょう。

回答例「とくにいません。ただ私は世界で活躍できるセールスパーソンになるというキャリアプランがあるので、その第一歩として御社で接客の経験を積ませてもらいたいと思っています」

POINT

- カミングアウトをしないという判断をしたなら、それを尊重する
- カミングアウトが原因で落とされることはない。もしそうならば「そんな企業はこちらから願い下げ」という心がまえでいる

7 なかなか内定が 出ないときの対処法

■ 面接で落ちてしまったときの対処法

　誠心誠意のぞんだ面接に落ちてしまったら、誰もが少なからずショックを受けるでしょう。なかには「自分に問題があるのか」「必要とされていない」と自分を否定してしまったり、内定が出はじめた友人たちを見て、余計に焦ってしまったりすることがあるかもしれません。

　結論からいうと、面接に落ちたことは決して悪いことではありません。むしろ、自分にとっても企業にとっても、入社前にミスマッチがわかってよかったといえます。次のステップをポジティブにふみ出せるよう、ここではその対処法を説明します。

■ 対処法① 原因を分析する

　まずは、面接に落ちてしまった原因について、事実を冷静に分析することからはじめます。大きく2つの理由が考えられます。

①力を発揮できなかった

　うまく伝えられなかった、質問に適切に答えられなかったなど、本来の力を発揮できなかった場面を具体的に書き出してみましょう。個人面接、集団面接、グループディスカッション、どんな場面のどんなポイントで引っかかってしまったのかを振り返り、苦手な部分の対策を練ってみてください。

②力を発揮した結果、ミスマッチだった

　十分準備をして力を発揮したにもかかわらず落ちてしまったのならば、企業が求めている人材と自分とのマッチングが成功しなかったという理由が考えられます。

たとえば「自己PRで強い個性とリーダーシップをアピールした」場合、挑戦的な人物を求める企業では好印象にとらえられたとしても、協調性を重んじる企業では合わないと思われてしまうこともあるかもしれません。単に企業の求めているイメージと合わなかっただけで、自分自身が否定されたわけではありません。

また、トランスジェンダーが必要とする設備面での対応ができないといった理由もあるかもしれません。これはどうしようもない問題で、むしろ無理に入社しても居心地よく働けない可能性が高いと考え、気持ちを切り替えましょう。

どんなところが合っていなかったのかを振り返り、同じ業界の他社を受ける際は合う部分を引き出せるよう意識したり、場合によっては業界選択の見直しも行いましょう。

▪ 対処法② ポジティブに次のアクションをする

原因を分析できたら、面接まで進むことができたことやこれまでの選考でよかったところも思い出し、自分を褒めてあげてください。

正直にぶつかって落ちたのなら、むしろ自分にとっても企業にとっても、この段階で判明してよかったと前向きにとらえられます。

「とりあえず内定を取れればよい」という短絡的な考えに流されずに取り組んだ結果を誇りに思ってください。そのうえで、ポジティブに次の一歩に切り替えましょう。

> **カミングアウトをした面接で落ちてしまいました。カミングアウトが原因でしょうか?**

カミングアウトをして落とされた場合、次の3つの理由が考えられます。
①単純に理解のない企業だった
②理解はあるが、伝え方が悪くてネガティブに聞こえてしまった
③理解はあるが、その他の理由で落とされてしまった

①の場合、仮に内定をもらって働いたとしても、その先理解を得て働くのは難

しいでしょう。こちらも企業を選ぶ立場であることを思い出し、**カルチャーマッチする企業ではなかったと考えましょう**。この人手不足の時代に多様性に理解のない企業は淘汰されていきますので、将来性がない企業に入らなくてよかったと思い、引きずらずに次のアクションに移りましょう。

②の場合、改善すべき課題があります。どんな状況でカミングアウトをしたかを振り返っておきましょう。たとえば、準備不足や勢いに任せてカミングアウトをしてしまったときは、伝え方や受け答えが不十分だったことも考えられます。

本来は当事者側が負担する努力ではありませんが、まだ世の中には理解のない面接官がいることをふまえて、**どのような伝え方をすればよいか戦略を練りましょう**。

しっかりした考えをもちカミングアウトをした結果、落ちたと感じるようならば、③である可能性が高いです。落とされた理由を「カミングアウトをしたから……」と限定してしまいがちですが、私の経験上、企業の理解がなくて落とされた場合はむしろ少なく、**ほとんどの場合は伝え方が悪いか、カミングアウト以外の評価で落ちています**。振り返りをしっかり行いましょう。

内定が1社も出ていなくて焦っています。どうすればよいでしょうか？

まず、**お金と時間の兼ね合いを考えます**。就職浪人や留年する場合は費用の工面ができるかどうかを考えてください。できないならキャリアプランの優先度を下げて、あきらめずに就活を続けます。

ただし、ライフプランは妥協できないラインを決めて、そのライン以上は下げないようにしましょう。キャリアプランのためにライフプランを犠牲にするという考え方もありますが、私はあまりおすすめはしません。

どうしても行きたかった企業に落ちてしまいました。再チャレンジのための就職浪人や留年はその後の就職で不利になりますか？

　就職浪人や留年したことが、そのままマイナス評価につながることはほとんどありません。私も就活生のころ、第一志望だった企業に落ち、翌年再チャレンジをしたところ、内定をもらいました。2回挑戦したことで、企業へ熱意をアピールすることができました。他の企業を受ける際にも、就職浪人した理由をきちんと説明できれば問題ないでしょう。むしろ目標に対して妥協しない人材であることをアピールしてもよいでしょう。

カミングアウトをするスタンスで面接を受けてきましたが、うまくいきません。カミングアウトをしないようにしたほうがよいでしょうか?

　前節でお話しした通り、カミングアウトだけが理由で落ちたという事例は経験上少ないです。ただ可能性はゼロではなく、どうしても気になる場合はカミングアウトをしないスタンスに変えて面接を受けてみるのもよいでしょう。もちろん、面接でカミングアウトをしなくても、内定後や入社後、いつでもカミングアウトはできるので、選択肢を狭めすぎないように意識しましょう。

就活に疲れてしまいました。どうすればよいかわかりません。

　一般的な就活の悩みは、友人だけではなく学校のキャリアセンターなどでも相談にのってくれるので、一人で抱え込まないでください。LGBTに関することは、友人や家族などに相談したり、相談しにくい場合は「よりそいホットライン」（→140P）やキャリアセンター（→68P）でも理解があれば対応してくれます。

POINT

- 何が原因かをしっかり振り返り、次に活かす
- 焦る気持ちを落ち着かせ、キャリアプランとライフプランをもう一度振り返る

すばるさんの場合

● インターンシップの面接でカミングアウトをするか否か

　僕は絶賛就活中の学生ですが、就活が本格化する前はサマーインターンへの応募を考えていました。しかし、ひとつ問題がありました。

　それは、「インターンシップの面接でカミングアウトをするか否か」です。僕は、自分がゲイであることを隠すために、嘘をついたり話題をそらしたりするのが苦痛でした。

　それに、自分の人格や考え方の形成にセクシュアリティが大きく関わっていました。カミングアウトなしでは、きっときちんと自己PRできないと思ったのです。

● 寛容な企業を選ぶ

　就活が本格化する前なのだから失うものはないと思い、選考中によい機会があればカミングアウトをすることにしました。

　とはいえ、多様性に不寛容な職場環境ではきっと勤続できないと思ったので、応募先の企業が多様性に寛容かどうかは重視しました。

　それにあたって当時の僕は「（メガ）ベンチャーかどうか」を指標にしました。いま思えば、「LGBTに関する施策を打っている」や「女性社員の数が多い」といった点も指標になると思います。

● インターンシップの面接でカミングアウトをした結果

　いざ、インターンシップの選考の段になりました。面接が中盤に差しかかったとき、「いままでの経験で、あなたの考え方を変えた出来事は何ですか?」という質問をされました。

　そこで僕は、「ゲイであることに悩み、勉強していくうちに絶対的な価値観はないことを学んだ」といったことをありのままに話しました。

　面接官の人事担当者の方はとくに驚いた様子もなく、すんなりと受け入れてくれたようで嬉しかったです。そして自己PRがきちんとできたおかげか、無事

に選考を通りました。

■ 面接で見られていた2つの点

　選考通過後、受かった理由を面接官に尋ねる機会がありました。すると、「『絶対的な価値観はない』という考え方が、この会社の考え方と相性よいと思ったからです。それに、インターンシップで満足なパフォーマンスを出す潜在力を感じたからです」といわれました。

　つまり、面接官が見ていたのは考え方や能力であり、セクシュアリティではありませんでした。

■ セクシュアリティを自己PRに活かす

　僕が選考を通過できた理由はセクシュアリティではなく、セクシュアリティに付随した経験から得た学びや考え方の変化をうまく言語化して、相性の合う企業と出会えたからなのではないかと思います。

　もしセクシュアリティを自己PRに活かすのであれば、「どのようにいえば面接官にもっと伝わるのか」といったことを工夫したいですね。

　とはいえ、カミングアウトをするか否かは人それぞれです。自分にとって心地のよい選択をすることが重要だと思います。

一言メッセージ ....

就活で大切なのは、自分の考え方や能力がその会社で活かせるかどうかではないでしょうか？　セクシュアリティは受かる理由にはなりません。もちろん、受からない理由になるべきでもありません。学業・バイト・サークルなどに一生懸命取り組んで、語ることができる経験を増やしておきましょう。

困ったときの相談窓口

窓口・電話相談について

・総合労働相談コーナー

各都道府県労働局、全国の労働基準監督署内などの380か所に設置。

・よりそいホットライン（一般社団法人社会的包括サポートセンター）

TEL：0120-279-338（24時間受付）

24時間体制の無料ホットライン。性別や同性愛に関する専用回線がある。

・Tokyo LGBT 相談（東京都総務局人権部）

TEL：03-3812-3727（火曜日・金曜日の18〜22時受付。祝日・年末年始除く）

経験豊富な専門相談員が当事者や家族などからの相談を受け付けている。

施設について

・community center akta

HIV／エイズをはじめとした、セクシュアルヘルスの情報などが手に入る

オープンスペース。誰でも利用可能、イベントも開催されている。

法律について

・LGBT法連合会

性的指向および性自認等により困難を抱えている当事者等に対する法整

備を目的とする、複数の賛同団体からなる組織。

支援団体について

・NPO法人LGBTの家族と友人をつなぐ会

東京・神戸・名古屋・福岡を拠点に、LGBT当事者への支援のほか、その家

族や友人がLGBTを受け入れるための支援活動を行う。

内定

ゴールではなく
スタートととらえよう

PHEW...

「自分らしく働く」を具体化するのは内定後で大丈夫

● 内定は、自分らしく働ける環境をつくるスタート地点

「やっと内定までたどり着いた！」

　就活のゴールを迎え、ほっとする就活生も多いでしょう。しかし内定は、あくまで企業側が求める人材と就活生・転職者とのマッチングが成功した結果に過ぎません。

　入社後の働きやすさには、内定式や人事面談とどう向き合うかが、大きく影響します。たとえ希望の企業やLGBTフレンドリーな企業から内定が出たとしても、油断せずに自分らしく働ける環境を主体的につくっていく姿勢をもってのぞむことが大切です。

● 内定後・入社後にカミングアウトをしても問題ない

　内定を獲得したLGBTの就活生・転職者は、選考過程でカミングアウトをした人としていない人のどちらかに分かれると思います。

　カミングアウトをして内定が出た人でも、今後は「人事担当者のみ知ってもらい、職場では一切オープンにしたくない」「チームメンバーにだけオープンにしたい」など、スタンスは人それぞれ異なります。

　カミングアウトをせずに内定が出た人も同様です。「この先カミングアウトをしないつもりで働きたい」「本当はカミングアウトをして働きたいが、選考時にカミングアウトをしなかったのでこのままクローズドを貫かなければならない」「カミングアウトをするかどうかまだわからない」など、現時点でカミングアウトをしなかったからといっても、その後の意思はさまざまです。

　ここでひとつ大前提として伝えておきたいことは、<u>選考時にカミングアウトをしなかったからといって、今後もクローズドを貫かなければならないということはありません。</u>

　カミングアウトのタイミングは、内定通知後から入社するまでの間、入社直後、入社後しばらく様子を見てから、人生の節目のときなど、いろいろなパターンが考えられます。

　また、「内定後にカミングアウトをすると内定取消になるのでは?」と不安に思う就活生もいるかもしれませんが、企業はLGBTであることを理由に内定を取り消すことはできません(→152P)。

　さらに、カミングアウトをする範囲をあらかじめ決めておき、企業と内定者間でも共有しておくことで、余計な心配をせずに働きはじめることができるでしょう。

内定が決まってから人事担当者の対応が変わった気がしますが、どうしてでしょうか?

　内定通知後の企業と就活生との関係性は、これまでの「選ぶ―選ばれる」から、同じ企業で働く仲間へと変わっていきます。この変化から、良くも悪くも企業の本音が垣間見られることがあります。

　たとえば、服装や言葉遣いに柔軟だった企業が急に厳しくなったり、逆に内定者の心配事に対してこれまで以上に丁寧に向き合ってくれたりする場合もあるかもしれません。

　こうしたことに振り回されず、職場環境や制度についての情報収集をしつつ、今後の働き方の計画を立てることができれば、職場で幸先のよいスタートをきることができるでしょう。

　また、万が一合わないと思った場合は、入社するまでの間に内定を辞退することもできます(→148P)。

1 人事面談で確認しておくべきこと

■ 選考中に確認できなかったことを聞くチャンス

内定が出た後、人事から面談を打診されることがあります。面談の目的は、内定者の不安や疑問を取り除き、モチベーションを高く保った状態で入社してもらうことです。

人事から労務条件や社内制度についての説明を受けるとともに、選考中に確認できなかったことを質問することができます。

選考中にカミングアウトをせず、入社後のカミングアウトを検討している人は、このタイミングでカミングアウトし、自分の事情や希望を伝えることもひとつの選択肢です。

配属先の施設についての質問や転勤の際にパートナーを連れて行けるかなど、ライフプランに関わることも確認できます。

今後もカミングアウトをしないという人も、福利厚生など気になる点は聞いておくとよいでしょう。その際、たとえば同性パートナーシップ制度の有無を尋ねたとすると、LGBT当事者であるかどうかと逆に聞かれることがあるかもしれません。

答えたくない場合は、「ダイバーシティの取り組みに興味がある」などとさらりとかわすこともできます。カミングアウトの有無にかかわらず、この時点で確認できることはしておくことをおすすめします。

聞いておきたいポイントは、次の3つです。

①福利厚生、設備、LGBT相談窓口の有無

自分に必要な福利厚生や設備、LGBT相談窓口があるかどうかを確認します。就業規則でも確認できます。差別禁止規定もチェックしておきましょう（→78P）。

②配属先の部署、雰囲気、人員構成など

内定後に配属先が決まる場合があるため、仕事内容、職場の雰囲気、人員構成を確認しておきます。

③入社前後の研修の有無

多くの企業では、入社前後に研修を行います。研修の時期を確認し、準備しておくとよいでしょう。

■ カミングアウトをする場合は、必ずゾーニングを確認する

カミングアウトをする際に「どの範囲の人にまでカミングアウトをするか、線引きをすること」をゾーニングといいます。選考中や内定後、どのタイミングでカミングアウトをするにしても、事前に知られてもよい範囲を自分で決めておくことがのぞましいでしょう。

選考中にカミングアウトをしている場合、次の2点を確認しましょう。

・社内ではどこまで情報共有されているのか

・入社するにあたり、どこまで情報共有する必要があるのか

■ ゾーニングの例

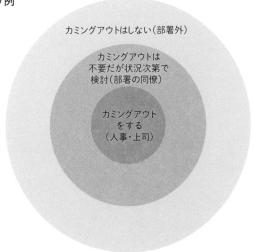

人事面談ではじめて伝える場合は、情報共有が必要な範囲に加えて、自分の希望を伝え、ゾーニングをすり合わせてください。

　トランスジェンダーは、通称名の使用や保険など、相談が必要な範囲が広くなる傾向にあります。

　本人が決めたゾーニングを越えて、第三者がセクシュアリティを暴露してしまうことを、アウティングといいます。過去には、就活・職場の場面ではないものの、アウティングが原因と考えられる大学生の転落死事件もありました。

　また、本人の働きやすさのためを考えよかれと思って職場内でアウティングをしてしまった結果、トラブルになった事例もありました。

　このように、望まない範囲にまでセクシュアリティを知られることは、大きなショックにつながりかねません。

　働くうえで自分が決めたゾーニングを尊重してもらえるよう、事前に考えをまとめ、面談ではあいまいにならないように伝えましょう。

　もし人事から自分の望まない人へのカミングアウトをすすめられた場合、その場で返事せず、じっくり考えたうえで後日返事をしましょう。

ゾーニングの伝え方のコツはありますか？

　自分の望む働き方を軸に伝えることがポイントです。ここでは2つの伝え方の例を紹介します。

①同性のパートナーがいる場合

　伝え方「仕事とプライベートはしっかり分けて働きたいので、必要最低限の方のみに伝え、職場の同僚にカミングアウトをすることは望んでいません。もしアウティングをされると、理解のない人からうわさをされたりLGBTだという色眼鏡で見られてしまったりする可能性があるので、それは避けたいです。いま同性のパートナーがいて、いずれは婚姻関係を結びたいと考えています。転勤時には家族として一緒に引っ越したいと思っています。その場合、

どんな人にカミングアウトをする必要があるでしょうか。また現時点でカミングアウトをする必要のある人を教えていただけると、助かります」

②**性別適合手術を考えているトランスジェンダーの場合**

伝え方「現在は戸籍の性別（男性）としてふるまっていますが、いずれ性別適合手術の休暇制度を使って手術を受け、女性として生きたいと思っています。なので、性別適合手術の休暇制度についてくわしく教えていただけるとうれしいです。いずれカミングアウトを考えていますが、それまでは人事の方以外に伝えるつもりはありません」

人事面談で同性パートナーシップ制度について質問したら困惑されてしまい、希望を伝えにくくなってしまいました

　Chapter 6の冒頭でお話しした心がまえを参考に（→114P）、相手にあまり理解がなかったときも感情的にならないようにし、冷静に対応しましょう。セクシュアルマジョリティが享受している福利厚生を求めることは、決してわがままなことではありません。

　自分の事情や希望、ライフプランを丁寧に伝えましょう。Chapter 8の職場を変える方法も参考にしてみてください（→170P）。

　また、LGBTへの対応に慣れていない企業もまだたくさんあるので、「配慮がないから悪い企業だ」と決めつけず、今後一緒に変えていく姿勢をもてるようなコミュニケーションをとることをおすすめします。

POINT

- カミングアウトをする場合は、ゾーニングを確認する
- カミングアウトの有無にかかわらず、ライフプランにかかわる社内制度で気になることは、人事面談で確かめる

2 誠意が伝わる内定辞退の方法

PHEW...

● 仕事選びの軸に立ち返り、内定承諾を判断しよう

複数の企業から内定が出たときは、期限内に内定を承諾する企業を1社選び入社の意思を伝えます。そして、ほかの内定を辞退します。第一希望の企業がはっきりしていれば速やかに判断できますが、迷う場合もあるでしょう。

迷ったときは、勢いや他人のすすめで決断せず、キャリアプランとライフプランとに照らし合わせて考えることが大切です。

たとえば、「仕事内容はマッチしているけれどもLGBTフレンドリーではないA社」と、「LGBTフレンドリーな企業だけれどもやりたい仕事ではないB社」から内定が出たとします。このとき、環境のよさにひっぱられて、安易にB社に決めてしまわないことがポイントです。

なぜなら、A社は現時点では不十分な面があるかもしれませんが、今後変わる可能性があります。それに比べ、B社でやりたくない仕事をやりたい仕事に変えていくことの方が難しいかもしれないからです。

LGBTに関する企業の今後の取り組みは、LGBT以外のマイノリティが活躍しているかどうかといった視点から推し量ることもできます。LGBTフレンドリーかどうかを優先しすぎないようにして、多角的な視点から自分らしく働ける企業をよく見極めましょう。

十分に検討した結果、入社しても居心地が悪く、自分らしく働けないと判断される場合は、A社とB社の両社とも内定を辞退して就活・転職を再スタートする選択肢も考慮したうえで、自分にとって何がベストかよく考えましょう。

● 内定辞退の連絡方法

内定を辞退するときに気をつけたいのが、連絡方法です。一般的な事務連絡

はメールが主流ではあるものの、内定辞退の場合は<u>電話や対面など誠意が伝わる方法で、速やかに連絡する</u>ことがのぞましいです。

　企業側からすると、内定辞退者が出ると採用を再開しなければなりません。いくらこちらに辞退する権利があるとはいえ、手間をかけてしまうことに対するお詫びの気持ちを伝えることが大切です。

　電話や対面がどうしても難しい場合は、メールでも構いません。また、辞退できる期間が定められていることもあります。

　内定辞退の理由は、基本的には先方に聞かれなければこちらから伝える必要はありません。ただし、尋ねられることもあるので、簡潔に答えられるよう準備しておきましょう。

　LGBTに関することが辞退の決め手になった場合は、伝えにくいこともあると思いますが、<u>正直に伝えることで今後の就活生・転職者の役に立つこともあるでしょう。</u>

　たとえば「施設面での対応が不十分であったため、魅力的な仕事内容なので迷いましたが、他社の内定を承諾することに決めました」と伝えると、もしかすると今後の施設面の改善につながるかもしれません。

内定承諾書にサインした後で、内定を辞退することはできますか？

　このタイミングでも、<u>内定辞退は可能</u>です。内定承諾書自体に法的な拘束力はなく、そもそも違法にはならない事柄です。しかし、相手の心証を悪くすることは確かなので、辞退する場合は誠意をもって伝えましょう。

POINT

- 内定承諾の判断をするときは、キャリアプランとライフプランとに照らし合わせて確かめる
- 内定を辞退するときは、誠心誠意を尽くして伝える

3 内定式では よく観察する

PHEW...

■ 積極的にコミュニケーションをとろう

　内定式とは、企業が就活生に対して、正式に内定通知を出すセレモニーです。転職の場合は、内定式の代わりに事前研修やオリエンテーションがある場合も多くあります。

　互いに雇用契約の意志を確認するだけでなく、企業についての理解を深め、同期となる内定者や先輩社員との親睦を深める貴重な機会です。

　万が一、この段階でミスマッチを感じた場合は、内定式後に内定を辞退することもできます。

■ カミングアウトのスタンスを決めておくと安心

　内定式後に行われる研修や内定者懇親会に参加する際は、内定者や先輩社員と積極的にコミュニケーションをとりましょう。

　一方、親しみやすい雰囲気で催されることが多いことからプライベートにふみ込んだ会話にもなりやすく、思わぬ質問に動揺してしまわないよう、カミングアウトのスタンスをあらかじめ決めておくと安心です。

　また、入社後にカミングアウトをして働きたいと考えている場合は、内定式での様子をよく観察し、カミングアウトのタイミングや範囲を見極める参考にしましょう。

　たとえば、人間関係がドライな職場だと感じたらあえてカミングアウトは必要なさそうだと判断したり、チームの結束力が強そうな職場だと感じたらチームにだけカミングアウトをしようと考える人もいるかもしれません。自分が働くイメージをもってのぞむとよいでしょう。

**内定式前に準備しておいた方がいいことは
ありますか？**

　簡潔な自己紹介、志望動機、入社後の抱負などを準備しておくことをおすすめします。提出書類もきちんとそろえておきましょう。

　内定から入社までの間に人事面談がなく、直接相談したいことがある場合は、式の前後に時間をとってもらえないかをあらかじめ確認しておくとよいでしょう。

**懇親会で同期からいきなり、彼女がいるかと
聞かれ、居心地の悪さを感じました**

　内定者同士は一気に距離が縮まりやすく、恋愛の話で盛り上がることはよくあります。仮にLGBTフレンドリーな会社だとしても、内定者はまだ研修などを受けているわけではなく、理解に乏しいこともあります。この際もあらかじめ決めたカミングアウトのスタンスに従うとよいでしょう。

　稀に、デリカシーのない人が「もしかしてお前ホモ？」と茶化してくることもあります。「違う」と否定してもよいですし、私もそのようなことをいわれたとき、「だから何？」と毅然とした態度をとったところ、それ以降その話を振られることがなくなりました。

　ただ、同期のつながりは入社後も続くことが多く、ここで決めたスタンスは今後の人間関係にも影響しかねません。内定式の様子を見て判断しようと考えている人は、適当に受け流して、後日ゆっくり考えてもよいでしょう。

POINT

- 内定式は、同期となる内定者や先輩社員と直接会える貴重な場
- プライベートにふみ込んだ会話になることもあるので、カミングアウトのスタンスを決めておく

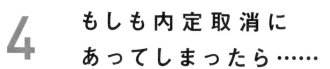

4 もしも内定取消に あってしまったら……

● 内定取消が認められる理由とは?

　内定後、入社するまでの間に企業から内定を取り消されることを「内定取消」といいます。先ほど、<u>学生は内定が出た後でも内定を辞退することができる</u>とお話ししました。

　一方、<u>企業側からすると、社会の常識にかなった相当の理由がない限り、一度出した内定を取り消すことはできません。</u>

　約束された雇用契約を一方的に取り消されるという意味において、内定取消は「解雇」と同様ともいえ、よほどの理由がない限り認められることではありません。

　過去には、相当の理由なく内定取消を行った企業が内定者から訴えられ、内定取消無効の判決が出た事例もありました。

　では、どんな理由ならば企業側の内定取消が認められるのでしょうか。以下の4つの理由が挙げられます[1]。

①内定後の事情から、内定者を雇い入れると人件費が経営を圧迫して行き詰まることが明らかであり、既存の社員の解雇を回避するためには、内定取消しがやむを得ない場合

②内定者が、内定後に病気や怪我をしたことによって正常な勤務ができなくなった場合

③内定後の調査により、内定者が申告していた経歴や学歴の重要部分に虚偽があったことが判明した場合

④内定者が、大学を卒業できなかった場合

　①の場合は、企業として内定取消を防ぐ最大限の経営努力を行うことが求められます。

　②、③、④の学生側の問題を理由とする場合、内定通知前に知ることができた事情については内定取消の理由として認められません。

■ LGBTであることを理由に、内定取消はできない

　①〜④以外の理由で企業が学生の内定を取り消すことはできないにも関わらず、内定通知後「LGBTであることをカミングアウトをしたら内定取消になった」という事例が残念ながら発生しています。

　万が一、カミングアウト後に内定取消にあってしまった場合、まずはその理由を確認しましょう。①〜④の理由のいずれかであったときは仕方ないと気持ちを切り替えて、次のステップに速やかに進んでください。

　もし以下の2つの理由のいずれかであったときは、LGBTを差別した不当な内定取消となります。

（ア）LGBTを雇うことはできない

（イ）選考過程で、セクシュアリティに関する虚偽申告があった

　これらは法的に認められない差別です。セクシュアリティと職務上求められる能力とは関係がなく、いかなるセクシュアリティであってもそれを理由に解雇するこ

■ 内定取消となった場合の対策

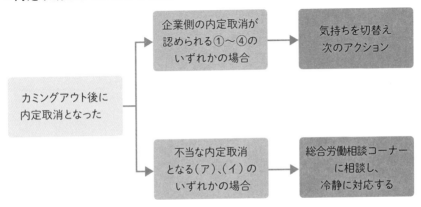

と、差別することは国の方針（→78P）としても認められていないからです。内定者本人に、落ち度はひとつもありません。

　内定取消ではありませんが、過去にセクシュアリティが原因で企業に解雇された人がいました。その人が起こした裁判で、「解雇は無効である」という判決が出ました。

　内定後に選考時と異なるセクシュアリティであることを理由に、内定取消にはなりえません。

■ まずは総合労働相談コーナーに相談してみよう

（ア）、（イ）のいずれかで不当な内定取消であることが判明した場合、法的には無効とされるべきであるにも関わらず、実際は弱い立場である内定者があきらめ、泣き寝入りしてしまう場合がほとんどです。

　まずは総合労働相談コーナー（→140P）に相談することをおすすめします。専門家から適切なアドバイスをもらいましょう。

　また、企業を信じてカミングアウトをしたからこそ、精神的なダメージも相当に大きいものでしょう。

　セクシュアリティに関する悩みは、「よりそいホットライン」などを活用してください。

　そのうえで、一度冷静になってから、「そんな企業はこちらから願い下げだ」と断ってもよいでしょう。あるいは状況を整理したうえで、事実を伝え企業に内定取消の無効を求めたり、弁護士に相談したりすることもできます。

　本章末の先輩の体験談では、実際に内定取消にあった先輩の話を紹介しています。

　一方、企業に内定取消の無効を求めた結果、企業側が誤りを認め内定取消が覆ったとしても、その企業に入社して自分らしく働けるかというと疑問が残ります。

　就活生の場合は、就活の残り時間を考え、就活浪人の可能性も視野に入れたうえで、本当にその企業でよいかどうか立ち止まって見極めましょう。

　再び就活をはじめるにしても、就活シーズン後半に採用活動を行う企業はた

くさんありますし、LGBTフレンドリーな企業も年々増加しているので希望をもって取り組んでほしいと思います。

　そして、「企業や人を見る目を養うことができた」とできるだけ前向きにとらえ、自分のキャリアプランとライフプランに合った企業にめぐりあえるよう、あきらめないで挑戦してほしいと願っています。

内定取消が不安で、カミングアウトをしたいけれど迷っています

　本節でお話しした通り、企業はLGBTであることを理由に内定を取り消すことは法的にはできません。

　カミングアウトをしてから入社することを強く希望するならば、内定後のタイミングで伝えるのがよいと思います。

　しかし、カミングアウトをしなくてはいけない特別な理由や喫緊の課題がない状態で迷うのならば、内定式や入社後の様子を見てから決めても遅くはないと思います。

　焦らずに、今後の<u>キャリアプラン、ライフプランから逆算して、自分にとってよいタイミングはいつなのかを考えてみてください。</u>

※1　労働問題弁護士ナビ「内定取消しの理由と不当な取消しを受けた場合の対処法」

POINT

- まずは一度冷静になって、内定取消の理由を確認する
- 企業側の内定取消が認められる場合は気持ちを切替え、次のアクションをとる
- 不当な内定取消の場合は労働情報相談センターに相談する

■「書類と違う人が来ている!」入室3秒でカミングアウト

私は27歳で女子サッカー選手を引退後、ホルモン治療を開始しながらはじめての就活をしました。

ホルモン治療も3か月を迎えると、戸籍性の「女性」の見た目は完全に消えて、「男性」にしか見えない風貌になっていきます。そんな中いくつか書類選考を通過し、男性スーツを身にまとい、いざ面談へ!

しかし、入室して3秒で、面接官から「書類と違う人が来ていますよ?」といわれました。書類には女性名が記入してあるのに、男性が入ってきたからです。私の最初の関門は入室と同時に「カミングアウトをしなければならない」ということでした。

カミングアウトの後は、セクシュアリティに関する質問ばかりで、仕事に関する話が全然できませんでした。また、内定をもらって喜んだのも束の間、セクシュアリティが理由で内定を取り消されることもありました。そういった面倒を避けるために、面接の前に電話で事情を伝えてみても、「そういった人の前例がないので」と会ってすらもらえないことが続きました。

■ 戸籍変更後も、困ることはある

そんな就活を乗り越え、カミングアウトに対して「ありがとう、何に困るのか教えてほしい」といっていただける会社に出会えました。入社時にはまだ戸籍変更が済んでいなかったので、名前やトイレの問題を伝えましたが、どちらも希望する方向で対応してくれ、嬉しかったです。

その後、戸籍変更後に転職をしました。「カミングアウトの必要もなく、性別に関して困ることもないだろう。これまで以上に働きやすくなるのではないか」と思っていました。しかし、数か月も経つと思わぬ問題が生じました。

社内行事のフットサルで、元々サッカー選手だったこともあり大活躍をしたときに、「何でそんなにうまいんだ?!」「どこのチームだったの?」「出身校ど

こ？」といった質問を受けました。女性としての過去をどう話していこうか、悩んだタイミングです。

また、飲み会の後に銭湯に誘われて断ることもしばしば……。日常の中でも、トイレでは個室を利用するので、「立ってしない派？」などと何度も聞かれることがありました。

● カミングアウトをすることで安心して仕事に打ち込めた

そんな2社目では、社員旅行の際など、必要に応じてカミングアウトをしていきました。カミングアウトをすると、私自身も周りの人もスムーズに過ごせるようになります。それだけでなく、伝えていることの安心感があり、本来の自分自身で仕事に打ち込むことができました。

もう過去の話にヒヤヒヤすることもありません。退社時にはじめてカミングアウトしたメンバーも、最初は驚いていましたが、それぞれでLGBTに関して勉強をしてくれたようで、いまも交流が続いています。

現在は、多様な人がいるLGBTフレンドリーな企業で働いています。そこでは、LGBTだけでない、いろいろなマイノリティに対して、一人ひとりの違いを、個性として活かし合うことを考える習慣が身につきました。

それは、私のすべてをそのまま受け入れてくれている、会社や仲間がいるからこそ。信頼関係を築くことができ、いまでは家族のような存在です。仕事を頑張る理由がひとつ増えました。

一言メッセージ

私は6歳で性に違和感がありましたが、サッカー選手という夢・仕事のために30歳まで戸籍変更を我慢していました。周りとの関係や人生のフェーズ、気持ちの状態などによって、治療やカミングアウトのタイミングは人それぞれ。正しい答えはないので、とことん悩んで、自分だけの道を切り拓いていって欲しいです。

LGBTと世界の法制度

LGBTを取り巻く法律や制度は、世界の国や地域、宗教によって異なります。

LGBTを保護する動き

2001年、オランダではじめて同性婚を認める法律が施行されたことを皮切りに、年々同性婚を合法化する国が増えています。

ILGA World(国際レズビアン・ゲイ・バイセクシュアル・トランスジェンダー・インターセックス協会)が2019年に公表した調査結果によると、同性婚が合法化されている国は26か国になりました[1]。

ほかにも、国連人権理事会は性的指向や性自認に基づく暴力行為や差別に重大な懸念を示す決議を2011年に採択しました。また、インドでは「第三の性」(トランスジェンダー)を法的に認める最高裁の判決が2014年に出されるなど、LGBTを保護する法律は世界各地で制定されてきています。

LGBTを認めない動き

一方、LGBTに対し圧力を強める国や、宗教的な理由から刑罰や迫害の対象となっている地域も多くあります。同報告書によると、70か国では同性愛行為が禁じられていて、とくに、アフリカ地域や中東ではその傾向が顕著です。ナイジェリアでは2014年に同性婚禁止法が、ウガンダでも同年に反同性愛法が成立し、同性愛者への罰則を強化しました。信仰とセクシュアリティのアイデンティティの両立は、まだ解決が難しい課題といえるでしょう。

さらに、ロシアでは2013年に同性愛宣伝禁止法が成立し、未成年者に対して同性愛に関する情報提供をすることが禁止されました。

翻って日本では、現在のところLGBTへの差別を禁じる法律がありません。国の対策に不備があるとして、諸団体が改善を求める運動を展開しています。

※1　ILGA「Sexual Orientation Laws in The World-2019」

入社後

働きやすい
職場をめざそう

働きやすい職場を
つくるのは自分自身

● LGBT就活生、転職者の入社後の不安

　入社を控えた学生や転職者は、新しい環境で働きはじめることに期待を抱きつつも、誰しも少なからず、不安に思う気持ちを抱えているでしょう。

　とくにLGBTにとって「職場になじめるか」という人間関係や職場の雰囲気に関する不安は、「仕事で成果を出せるか」といった仕事内容に関すること以上に、大きな悩みの種となることがあります。

　職場での新しい人間関係を築くうえで、<u>プライベートをどこまで共有し、自分をどう開示していくか、カミングアウトをするかどうかは重要な問題</u>です。

● 職場に対して受け身になりすぎず、企業をつくる側の視点をもつ

　Chapter 4でふれたように、LGBTの転職経験率は一般平均値よりも高いといわれています。

　LGBTに対する偏見や無配慮な言葉が飛び交う職場であったならば、ストレスを感じるだけでなく、「転職」の文字が頭をよぎることもあるでしょう。

　トランスジェンダーであれば、「性別適合手術をするためにいつか退職しなくてはいけないから、それまでは自分を偽ってお金を貯めよう」とすでに転職を見据えている人もいます。同性パートナーとの生活をこれからも安心して守れる職場であるかどうかも、長く働くためには避けては通れない問題です。

　ここでみなさんに伝えたいことは、こうした不安や悩みを抱えないためにも「LGBTフレンドリーな企業に勤めることをおすすめする」のではなく、入社後<u>「自分らしく働ける職場環境・働き方を自ら主体的につくりあげていって</u>

ほしい」ということです。

■ **困難にぶつかったときは……**

困ったときの対処方法として、次の3つが考えられます。
　①**環境を変える**
　②**環境に適合する**
　③**自分を変える**

　この3つの視点から、いまとりうる行動を考え、優先順位をつけて実行することが大切です。状況を変えてくれる「誰か」を待つ姿勢ではなく、まずは「自分にできることはないか」というマインドをもち、自分を変えることからはじめてみましょう。そうすれば、環境を変え、自分の理想を実現することも不可能ではありません。

　本章では「環境を変える」ためのヒントを紹介しますが、一番大切なことは、自分には現状の困難を乗り越える力があるのだと自分を信じることです。

　私一人の取り組みで、企業の制度や世の中を変えることができるのでしょうか?

　もちろんその可能性があります。某大手コーヒーチェーンでは、一人のアルバイトの声をきっかけに、同性パートナーシップ制度が全社で導入されました。また、ある就活支援サイトを運営する企業では、LGBTとして入社した一人の新入社員の取り組みによって、利用者がサイト登録時に記入する性別欄に「その他」の項目が加えられました。

　これらはほんの一例に過ぎません。入社してすぐ、企業改革に取り組むことは難しいと思いますが、こうしたひとつのアクションが自分の働き方にとどまらず、後輩たちや他の企業、やがて社会を変える一助となる可能性があるということを、ぜひ心に留めておいてもらえたらと思います。

1 職場でカミングアウトをしたときのメリット・デメリット

BE PREPARED!

■ LGBTであるがゆえに感じやすい人間関係のストレス

仕事における人間関係は、同僚、後輩、上司、人事といった社内の関係から、顧客、取引先、派遣先といった社外の関係まで、多岐にわたります。

LGBTである・ないにかかわらず、職場で生じる悩みの多くは、人間関係によるものであるといっても過言ではありません。

とくにLGBTにとっては、何気ない日々のコミュニケーションがストレスに直結しがちです。

セクシュアルマジョリティを前提とした環境の中で、自分に向けられた言葉でなくても、無意識の偏見からくる言葉に傷つくことがあります。たとえば、「もっと女らしく」や「男らしくしろよ」という言葉は、その場ではやり過ごすことができても、何十回も繰り返されれば無視できないストレスになっていきます。

あるいは、同期が結婚をしたときに、企業から祝福されているのを見れば、自分には縁のないことだと、どこか不公平を感じてしまうこともあるかもしれません。

また、自らのセクシュアリティがバレないように言動に気をつけることは、本人はあまり気がつかないくらいかもしれませんが、そこそこの神経を使っていることがあります。

■ カミングアウトをしたときのメリット・デメリット

そうしたストレスを抱えている人にとって、カミングアウトをするか・しないかは重要な問題です。Chapter 2でも少しふれましたが、職場でのカミングアウトにはメリットとデメリットがあります。次の表では、実際にあった事例の一部を記載しました。デメリットで挙げた項目は、厚生労働省の指針[※1]でも禁止されています。

	メリット	デメリット
人間関係	・恋愛相談やプライベートを話せるようになり、円滑なコミュニケーションができるようになった ・LGBTに対する偏見の声が届きにくくなった	・いじめやからかいなどのハラスメントにあった ・アウティングされた
仕事面	・バレないようにという気遣いや自分を偽る必要がなくなり、仕事に集中できるようになった	・人間関係の悪化により仕事のパフォーマンスが低下した ・異動、昇進や契約更新など、キャリアアップの妨げになった
制度面	・適切な福利厚生が受けられるようになった	・（近しい人のみならず）人事にも伝える必要がある

● 職場でのカミングアウトの考え方

カミングアウトの問題は、誰でも一度はじっくりと考えることをおすすめします。

なぜなら、たとえばストレスに耐えきれなくなった結果、勢いでカミングアウトをしてしまったことを後悔したり、逆に絶対にカミングアウトをしないと自分で決めつけたりすること自体が、自らを苦しめることにもつながりかねないからです。

いまはカミングアウトをする必要がなかったとしても、中・長期的な視点で検討しておくとよいでしょう。次の3つの考え方を参考にしてみてください。

① 課題アプローチ

自分ののぞむキャリアプラン、ライフプランをふまえ、現状の課題や困っていることを書き出します。その課題解決にカミングアウトが必要なのかどうか、職場をよく観察したうえで見極めましょう。

② 想像アプローチ

カミングアウトをして働いている自分を想像して、どんなストレスから解放されるかを書き出してみます。その状態の自分が、自分ののぞむキャリアプラン、ライフ

プランに必要かどうか、現状の職場と照らし合わせて考えます。

③ 比較アプローチ

　カミングアウトをする場合としない場合のそれぞれのメリット・デメリットを、職場の具体的状況をふまえて書き出し、比較します。デメリットが生じるリスクがある人にはカミングアウトをしない、という範囲決めの判断材料にもなります。

■ カミングアウトをしたときの理解は千差万別

　いざ、社内でカミングアウトをすると決めても、実際に言葉にして伝えるのは簡単なことではありません。とある企業で、全社員集会のスピーチでカミングアウトをしたレズビアンの話です。

　事前に社長や人事にスピーチ内容を確認してもらった状態で、堂々と舞台に立っていましたが、自分のセクシュアリティについて話し出そうとすると言葉に詰まり、何度も呼吸を整え、聴衆の声援を受けながら話し切ることができたといいます。それくらい、<u>カミングアウトをすることは当事者にとっての一大事</u>です。

　カミングアウトの難しいところは、相手の反応を予想することが難しい点です。たとえこれまで接してきた人事担当者の理解が得られていても、LGBTフレンドリーな企業であったとしても、職場でカミングアウトをする相手、全員の理解が得られるかというと、そうとも限らないのです。

　Chapter 6の冒頭でお話ししたように、理解の程度は人それぞれ異なります。この人なら大丈夫と思っていた上司が、意外に否定的な考えをもっている場合もあるでしょう。人生ではじめてLGBTであることを打ち明けられて、どうしていいかわからず、よそよそしくなってしまう同僚もいるかもしれません。

　たとえカミングアウトが思うようにいかなかったとしても、<u>勇気をもってカミングアウトをした自分を褒めてあげてほしい</u>と思います。思わぬ事態になったのは、たまたまです。

　自分のキャリアプランとライフプランとも照らし合わせて、冷静に次の一手を見極めましょう。

「職場で個人のセクシュアリティにかかわること
をわざわざカミングアウトをする必要はない
のでは?」という声も聞かれます。

　個人の価値観や企業や職種にもよるものではありますが、多くの場合、仕事
と、プライベートの暮らしや個人のセクシュアリティには、関わりがあります。
たとえば、職場で何気なくプライベートについての会話や、パートナーとの暮らし
に必要な福利厚生を受けるときなどです。

　セクシュアルマジョリティにとっては、「昨日、何していたの?」という何気ない質
問に対して「家族とディズニーランドに行っていた」「彼氏と旅行していた」と答え
る際、それがセクシュアリティに関することだと意識することはないかもしれません。

　しかしLGBTにとっては、セクシュアリティを自ら打ち明けなければ、「異性愛
者、すなわちセクシュアルマジョリティである」という前提になってしまう環境が多
いのです。

　そのため、普段の会話の中で自らのプライベートについて話すときに、「彼氏」
を「彼女」に置き換え嘘や話のつじつまを合わせることに神経を使わざるを得
ない状況に陥ることもあります。

　さらに、トランスジェンダーは、性自認にあわせてトイレや更衣室が利用できな
いといった日々のストレスが、知らず知らずのうちに大きな苦痛になってしまうこと
もあるのです。

※1　厚生労働省「事業主が職場における性的言動に起因する問題に関して雇用管理上講
　　　ずべき措置についての指針」

POINT

- ■ キャリアプランとライフプランとを照らし合わせ、カミングアウト
  がなぜ必要か、誰に対して必要かを慎重に考えよう
- ■ いまはカミングアウトをしなくても、将来の可能性を考えて、動き
  出すタイミングを考えておく

2 社外の人との付き合い方

● 取引先、顧客との関係でどのような状態がベストかを考える

　社外の人との関わり方は、企業や職種、業務形態によりさまざまです。電話やメールだけのものから、対面での打合せ、同じプロジェクトに携わるチームの一員となったり、場合によっては飲み会やプライベートでの付き合いが生じることもあるでしょう。

　カミングアウトが人間関係のどのような範囲に影響を与えるかについて、前節で紹介した「課題アプローチ」「想像アプローチ」「比較アプローチ」を参考にして行動してみましょう。

　またカミングアウトをしていなくても、服装と名前などからわかってしまう可能性に不安を感じるトランスジェンダーもいるでしょう。そんなときは、相手に違和感を与えているかどうかを過度に心配するよりも、「仕事とセクシュアリティは関係ない」という姿勢で堂々としていることが大切です。

　何かあったときのために、社内の上司や人事に対してカミングアウトを含めた相談をしておくと安心ですが、事前に報告・相談をしていなかったからといって、何か起きたときに守ってもらえないということではありません。

　前節の3つのアプローチで社内に対してのカミングアウトを検討しておくと、事後的に対処する場合にも役立つでしょう。

● 派遣で就業する場合

　派遣元へカミングアウトをするタイミングとしては、次の2つが考えられます。
①派遣元への登録時
②派遣先企業で働きはじめた後

　①の場合、あらかじめ理解のある職場へ派遣してもらえる可能性があります。一方で、派遣元はトラブルを避けるためにLGBTフレンドリーな職場にしか派遣できないと考え、残念ながら受け入れてもらえそうな企業が見つからないこともありえます。そのため、派遣元へのカミングアウトは、たとえば次のような希望する対応もあわせて伝えるとよいでしょう。

「セクシュアリティを理解してくれる職場に派遣してほしい（セクシュアリティのゾーニングは確認させてほしい）」

「もしLGBTフレンドリーな職場があればそこへ派遣してほしいが、派遣先に自分のセクシュアリティは伝えないでほしい」

「派遣先にこだわりはないが、何かあったときに相談に乗ってもらいたい」

　一方で「派遣先が決まらない」「アウティングの心配が拭えない」といった場合は、②のタイミングでカミングアウトをすることもひとつの手です。

派遣先の企業でカミングアウトをしたら、嫌がらせにあいました

　セクハラについては、派遣元・派遣先の両方に苦情対応が義務づけられており、両方の責任者に苦情を申し出ることができます[1]。状況に応じて、最も適切な対応をとってくれそうな人へ相談するのがよいでしょう。

　総合労働相談コーナーやよりそいホットライン（→140P）にも連絡を入れ、今後の対処法について専門家に相談することもおすすめです。

※1　TOKYOはたらくネット「労働問題相談室　Q32派遣先の社員からセクハラを受けた」

POINT

- 職場内へのカミングアウトと同様に、誰に何のためにカミングアウトをするか、どんな影響があるかをしっかり考えておく
- 派遣元へのカミングアウトはこちらがのぞむ対応もあわせて伝える
- 派遣元・派遣先ともにセクハラに対応する義務がある

3 孤立を感じた ときの対策

BE PREPARED!

● 社内の仲間に相談する

職場では、さまざまな立場・年代の人と接し、雰囲気によってはプライベートな会話にもなりやすく、LGBTであるがゆえに孤独を感じることがあります。

たとえば、恋愛や結婚の話題に入りにくかったり、話を合わせるために異性愛者を演じてストレスを感じることもあります。また、カミングアウトをすることで関係性に支障をきたすことを恐れ、不安を抱えている人もいます。そんなときは、周りの人に相談してみることをおすすめします。

もし社内にカミングアウトをしている人や理解者がいれば、社内の状況を共有しているだけに、的確なアドバイスをもらいやすいでしょう。

社内にカミングアウトをしている人がいない場合は、①課題アプローチ（→163P）を参考にしましょう。孤独感の解消という課題に対して、自分ののぞむキャリアプラン、ライフプランをふまえてどう解決すべきか、カミングアウトは必要かを整理しましょう。②想像アプローチ（→163P）と③比較アプローチ（→164P）も、誰にどこまで話すかを決めるのに役立つでしょう。いますぐにカミングアウトをしないとしても、そこまで決めておくことで、いざというときの安心材料になります。

● 社外の仲間や家族、第三者機関に相談する

相談できる社外の仲間や家族がいたら、話をしてみてもよいでしょう。もし身近な人に相談しにくいようならば、よりそいホットライン（→140P）に相談することもできます。ささいなことでもプロに話を聞いてもらえるので、気軽に相談してみてください。一人で抱え込まないことが大切です。

　また、LGBTのイベントや交流会に参加してみることもおすすめです。同じ悩みをもった仲間に出会えることで、具体的な解決策を見つけられたり、「自分は一人じゃないんだ」という安心感をもつこともできるでしょう。

カミングアウトした結果、周りがよそよそしくなり、孤独感がつのっています

　LGBTへの理解の幅は人それぞれで、受け止めるのに時間がかかる人もいます。のぞむような対応でなかったとしても、相手の気持ちを想像して少し様子をみるのもよいでしょう。もしかすると<u>関係悪化の原因は、カミングアウトでない可能性もあります</u>。

　また「そういう人はこちらから願い下げ」と割り切るのもひとつのとらえ方です。理解のある人は必ずいます。どうしても状況が打開できそうにない場合は、職場環境を変えることも視野に入れましょう。

プライベートな話が嫌で社内の飲み会に参加したくありません。一方で、みんな楽しそうで疎外感があります。わがままな考えでしょうか？

　周囲が楽しそうで疎外感があるということは、あなたは<u>我慢を強いられている状態かもしれません</u>。プライベートな話が嫌だというのはあなたの人づき合いのスタイル以上に、セクシュアリティを話しづらい環境が原因であることも考えられるので、わがままなことではありません。先述の②想像アプローチで、「もし職場の人たちと恋愛トークやプライベートの相談をできたら、どんな気分で仕事ができるか」を考えて、向き合ってみてもよいと思います。

POINT ─────────────────────

- ■ カミングアウトを含む相談をシミュレーションしてみる
- ■ 悩みを抱いているのは自分一人ではない。周りに助けてくれる
  人が必ずいる

BE PREPARED!

4 働きやすい 職場に変える方法

▪ 主体的に企業改革に取り組んでみよう

　入社した企業がLGBTフレンドリーでなかった場合、社内制度が変わるのを待つだけではなく、自ら主体的に働きかけ、制度改善の取り組みを行うこともできます。

　入社直後に制度を変えることは難しいかもしれませんが、その方法をあらかじめ知っておくことで、いざというときにすぐに行動でき、希望をもって働くことにもつながります。

　また、仕事で成果を出すという一番の目的を忘れずに、本業がおろそかにならないようにすることも大切です。

　ここでは、私が企業向けのLGBT研修で話している内容をもとに、職場を変える方法をいくつか紹介します。

　この方法を参考に、みなさんにもぜひ、前向きに小さなことから企業改革に取り組んでみてほしいと思っています。

　また次節では、社内コミュニティをつくる方法も紹介しています。

▪ LGBTフレンドリーな職場に変える方法

①現状を把握する

　職場を変えるには、現状は何ができていて、何ができていないかを確認するところからはじめます。

「働きやすさ指標」（→56P）を参考に、「○：できている」「△：できていないが取り組みやすそう」「×：できていない」の3段階でチェックをつけてみてください。

すぐにできそうなことから、年単位の時間がかかりそうな項目もあるでしょう。△のチェックから取り組みはじめることをおすすめしています。

②社内のだれと協力をすると実現しやすいかを考える

自分一人で制度を変えることは不可能です。社内にいるさまざまな立場・役職の人の中から、誰と協力をすると実現しやすいかという、キーパーソンを見極めます。

たとえば、人事にダイバーシティ部門があれば、その担当者はLGBTの社員の相談をないがしろにはしないはずです。支店や営業所の設備に関することは支店長や営業所長、あるいは発言力のある現場のリーダーに相談するとよいかもしれません。

③どんな説明をすると実現しやすいかを考え、働きかける

協力者に「職場を変えなければいけない」と思ってもらえるように、LGBTへの取り組みをすることがいかに企業にとってプラスになるのかを伝えることで、実現が近づくでしょう。

LGBTの社員が困っていることや職場への思いは企業にとっては重要な意見です。ここでは3つの説得材料を紹介します。

<説得材料その1：社内のLGBTの割合>

あるシンクタンクによる国内最大規模となる42万人を対象とした調査では、日本のLGBT・セクシュアルマイノリティは10%という数値が出ています[※1]。つまり、100人の企業ならば10人、1000人の企業ならば100人のLGBT従業員が、カミングアウトの有無に関わらず働いている計算になります。

このことは多くの企業にとって、決して他人事ではありません。これらの従業員は、制度が整っていないことで困難やストレスを感じ、生産性が低下しているかもしれないのです。従業員が安心して働ける職場をつくることは、企業にとって必須の課題といえるでしょう。

<説得材料その2：人材確保にも有効>

JobRainbowが行った調査によると、LGBTフレンドリーな企業で働きたいと

思っているLGBTは89%、非当事者は69%であることがわかりました[※2]。

　JobRainbowのサービスも、非当事者の利用は年々増えています。就活生・転職者が企業を判断する際にLGBTフレンドリーかどうか、ダイバーシティの取り組みをしているかどうかといったことが、ひとつの重要な判断材料になっているのだと考えられます。

　日本は今後も長期的な人材不足が予想される中、人材確保の面でもLGBTフレンドリーな取り組みは喫緊の課題であるといえます。

＜説得材料その3：LGBTの働きやすさが企業の生産性向上につながる＞

　企業のLGBTやダイバーシティへの取り組みが、企業の生産性向上につながるというデータも報告されています[※3]。海外では、これらの取り組みが進んでいる企業ほど、成長率が高いともいわれています。

　実際、カミングアウトをした人からは「LGBTであることを隠すためにエネルギーを割かなくなり、人間関係が楽になっただけでなく、仕事のパフォーマンスが向上した」という声もよく聞きます。不平等さを感じにくくなることで、企業への貢献意欲が高まる側面もあるでしょう。

　カミングアウトは本人が決めることですが、悩んでいる従業員にとってカミングアウトをしやすい環境であったり、カミングアウトをしなくても当たり前に自分らしくいられる環境づくりは、企業の業績向上や成長率にもつながるのです。

● 取り組みをためらう企業もある

　企業研修の際にこうした説得材料の話をすると、思わぬ反応が返ってくることがあります。

　たとえば「生産性は向上するかもしれないけど、同性パートナーシップに対応したら人件費のコストがかかるのではないか」という声です。

「コストの問題」から、異性パートナーと同性パートナーとで享受できる福利厚生に差が出ていること自体、そもそも不平等な話ではありますが、制度を導入したところで皆が利用するかというと、現実的にはそうでもないと考えています。なぜなら、異性同士のカップルでも結婚しない人もいるからです。

　また、企業が同性パートナーシップ制度を整えることは、それ自体で「企業

はLGBTの存在を想定してくれているのだ」とポジティブな印象を与えます。

<u>非当事者にとっても、社員を大切に考えている企業なのだという認識につな</u>
<u>がる</u>でしょう。

就業規則にたった一文を入れるだけで、従業員の気持ちは大きく変わります。もちろん実際を伴った制度になるように社内における継続的な理解と組織文化の醸成が必要ですが、一考の余地は十分にあるのではないかと思います。

人事に同性パートナーシップ制度の導入をもちかけたら「一人のLGBTのために制度を変えるのは難しい」といわれました

人事のこのコメントには、2つの誤解があると考えられます。

まずLGBTは「一人」ではなく「カミングアウトをしているLGBTがほかにいない」というだけであって、制度が適用される該当者が一人だと決めつけることはできません。困っているLGBTがいるのにもかかわらず、対応できていなかった結果、そのことが原因で離職してしまう人もいるでしょう。

もうひとつは、採用選考で出会う候補者の中のLGBTの人数を考えると、この先、決して見過ごせない事柄になってくるということです。

本節で紹介した3つの説得材料を参考に、LGBTに対する知識と、企業にとってのメリットを合理的に伝えてみることをおすすめします。

※1　LGBT総合研究所「LGBT意識行動調査2019」　※2　JobRainbow「採用現場でのLGBT調査2018」　※3　Vodafone, Out Now「LGBT + First Job survey」

POINT

- 職場を変えるにあたって、焦らずに長期的な視点をもって取り組むことが大切
- 相応のエネルギーがいるので、本業がおろそかにならないように気をつけよう

5 社内コミュニティの つくり方

BE PREPARED!

LGBTをサポートするアライの存在

　LGBTが働きやすい環境づくりに取り組むのは、当事者だけではありません。LGBTを理解し支援するアライは心強い味方です。元々アライという言葉は、LGBTではない人がLGBTへの理解を示すために自称した言葉ですが、最近ではLGBTであっても使うことが増えています。

　「当事者なのに、アライだと表明してもよいのか」「どんなことをすればアライなのか」と思う人もいるかもしれませんが、LGBTであっても自分以外のLGBTのアライになることができますし、アライになるために特別な資格は必要ありません。

　多様なセクシュアリティの価値を理解し向き合う姿勢があれば、誰でもアライです。外国人や障がい者といったLGBT以外のマイノリティに対しても、アライという言葉を用いて支援の立場を表すことがあります。

3種類のコミュニティがある

　アライやLGBTが中心となって社内コミュニティをつくり、LGBTが働きやすい職場環境が模索されています。社内コミュニティには次の3種類があります。

　①LGBT当事者だけのコミュニティ(LGBTコミュニティ)

　②LGBT当事者とアライからなるコミュニティ(LGBT＋アライコミュニティ)

　③アライだけでのコミュニティ(アライコミュニティ)

　この中には、企業公認のコミュニティと、非公認のコミュニティがあります。

　活動目的は、職場の具体的な制度改善からLGBTの居場所づくりや勉強会といったものまで多岐にわたります。目的別に複数の社内コミュニティがあった

り、社外のコミュニティと交流しているところもあります。

コミュニティに興味があります。自分でつくる ことはできますか？

　入社した企業にコミュニティがない場合、<u>自分で立ち上げることもできます。</u>その際の最初のハードルは、コミュニティメンバーを見つけることです。

　LGBTがカミングアウトをしないとわからないように、アライも見た目ではわかりません。働く中で出会った当事者や理解者を誘ったり、人事に相談してみたり、なかには全社員にメールを送りメンバーを募る人もいます。

　次に、活動方針を策定します。企業公認のコミュニティにしたいときは、企業にコミュニティ設立の申請を出す必要があります。企業によっては、<u>部費や場所提供などのサポートが受けられることもある</u>ので、非公認にする理由がないならば、公認を申請してみることをおすすめします。ある外資系の企業では、役員がさまざまなコミュニティのスポンサーになって支援するという制度もあります。

　非公認のコミュニティのメリットは、企業活動とは別に、<u>プライベートに近いサークルとして安心して集まりやすい</u>点です。はじめは非公認のコミュニティをつくり、公認が必要になったときにあとから申請を出すこともできます。

　また、セクシュアリティという<u>センシティブな部分でのコミュニティだからこそ、あらかじめコミュニティの運営ルールをつくっておくことも大切</u>です。

　参考までに、コミュニティルールの一例を紹介します。

▪ LGBT＋アライコミュニティのためのルール

①コミュニケーションルール

- プライベートな話は無理に聞きださない、いわせない。
- 「男女」の2つで分けた話になっていないか、「恋愛」が共通の話題だと決めつけていないかを考えよう。Xジェンダー、Aセクシュアルもいる。
- 間違うのは当たり前。何か間違った言動をしたと思ったら素直に「いまの大丈夫だった？」と確認し、謝ろう。

② アウティングを避けよう

- すべて「ここだけ」の話とする。コミュニティ内で聞いた話を他の場所でしない。許可なく撮影、録音、不特定多数がみるSNSには情報を掲載しない。掲載する場合は、個人が特定されないように配慮する。
- 場所の選定に気をつける。オープンなスペースではなく、クローズドな場所で打合せを行う。また、飲み会や打上げなどはなるべく個室の居酒屋などを選び、「誰でもトイレ」があるところを選ぶ。

③ 使ってはいけない言葉、気をつけるべき言葉

　ここで紹介するものは、差別用語であったり、特定のセクシュアリティを無視する言葉づかいです。

　<u>必ずしもすべてのLGBTが不快に思うわけではありませんが、誰も不快にならない言葉づかいのほうが安心</u>です。なお「△」のものは、相手に確認をとったうえであれば問題ない言葉です。

使ってよい言葉といけない言葉

○	×
ビアン、レズビアン	レズ
ゲイ、ホモセクシュアル(やや硬い表現)	ホモ
バイセクシュアル	バイ
―	オネエ、こっち系、オカマ、オナベ、両刀

配慮した言葉と決めつけを行う言葉

○	△
さん	ちゃん、くん
配偶者、パートナー、恋人	旦那さん、奥さん、彼女、彼氏
あの方、あの人	彼、彼女

・確証がない場合は、「さん」などの中性的な表現が望ましい。または集まりの際に、冒頭の自己紹介で当日よばれたい名前やよばれたい性別（彼・彼女）を各自伝える時間をつくるのもよい。

・相手やそのパートナーの性自認・性的指向などを決めつけない。

・相手がのぞんでいない三人称を使うのは、相手の性自認の無視や決めつけになる。確証がない場合、「あの人」などの表現がのぞましい。

その他の気をつけるべき言葉

○	×
セクシュアリティ、性的指向、性自認など	性癖
女性、男性	トランスジェンダーの女性、男性
性別適合手術	性(別)転換手術(×ではないが△)

・人によって異なるが、自分がのぞむセクシュアリティとして扱われたいと思っている場合が多い。トランスジェンダーであることが重要でない文脈で「トランスジェンダー女性／男性」とわざわざ「トランスジェンダー」をつけるのは、「第2の女性／男性」といっているように受け取られてしまいかねない。

・性別適合手術は、出生時に割り当てられた性（≒身体の性）をこころの性に適合させるもの。「転換」させるものではない。

POINT

■ 多様なセクシュアリティの価値を理解し向き合う姿勢があれば、LGBTであってもなくても、誰でもアライを表明できる

■ コミュニティをつくる場合は、自分から積極的に動くとよい

6 慎重に見極めたい 転職のメリット・ デメリット

BE PREPARED!

■ 転職するか、ふみとどまるか……。一度立ち止まって考えよう

　本章の冒頭でお話ししたように、LGBTの転職経験率は高いといわれています。「思い描いていた仕事と違った」「キャリアアップしたい」といった仕事内容にまつわる理由以外にも、「配属先がLGBTフレンドリーではなくなじめない」「パートナーとの将来を考えて、同性パートナーシップがある企業へ転職したい」など、LGBTへの配慮がないことが転職理由になることも少なくありません。

　転職するかふみとどまるかで悩んだときは、<u>現状の職場での悩み・課題は何か、転職によってどんな条件を実現したいかを整理してみましょう。</u>

　LGBTへの理解不足だけが問題であるならば、前節までを参考に、いまの企業でできることを考えてみます。並行して転職活動をして、選択肢をいくつかもっておくのも手でしょう。

　こんな事例がありました。ある人が仕事内容は合っているものの、同性パートナーとの生活を隠し続けることに限界を感じ、転職のめどがたったところで上司に本当の理由を話しました。すると、思いがけず理解をしてくれ、心が楽になり、少しずつカミングアウトをしながら現職を続けることにしたそうです。

■ 現状から逃げることを目的とした転職はうまくいかない

　現状の不満だけを理由に転職した場合、転職先がいまよりよい状況になるとも限りません。LGBTフレンドリーでないことを不満にLGBTフレンドリーな企業に転職したとしても、人により理解の幅が違うのはもちろん、<u>どのように人間関係を築いていくかは、自分でどのように自己開示していくかにもよります。</u>

　LGBTフレンドリーな職場に移ってみたら、実は自身の仕事への姿勢が周り

の人との関係悪化の原因だったと気づくこともあるでしょう。

　転職はその先のキャリアも長期的に見据えたうえで、決断することをおすすめします。

■ フリーランスという選択肢

　独立して働きたいと考えている人は、まずフリーランスとして生計を立てられる技量が備わっているかを見極めましょう。現状ではスキルが足りないと判断したら、安易にフリーランスを決断せず、独立を視野に入れたうえでいまの職場でどれだけスキルを磨くか、転職する場合はどんな企業が最適か、といったことをもとにキャリアプランを見直すことをおすすめします。

仕事は合っているのですが、人間関係がうまくいきません。入社2年目ですが、LGBTフレンドリーな企業への転職を考えています。

　第二新卒という強みが使えるうちに転職するのも、ひとつの選択です。ただ、仕事内容が合っているのならば、安易な転職にならないよう、慎重に検討することをおすすめします。

　たとえば数年後にLGBTフレンドリー、かつ自分のスキルを活かせる企業に転職するという新たな目標を立て、そのためにはどんなスキルを磨いておけばキャリアアップにつながるのかを考えながら、いまの職場で仕事を継続することも可能です。スキルや実績があれば、のちのち仕事も選びやすくなるからです。

　完璧だと思える職場は、一生をかけてもそうそう出合えるものではないので、理想を追い求めすぎず、バランスを考えて仕事選びをしてみてください。

POINT

■ 転職する場合は、安易に決断しない
■ キャリアプランとライフプランとも照らし合わせて転職を考える

7

共働きカップルの 仕事と生活の バランス

BE PREPARED!

■ 自治体・企業で年々増加している、同性パートナーシップ制度

今後、パートナーとともに生活したいと考えているLGBTの中には、はじめからパートナーとの結婚や子どもをもつ将来をあきらめてしまっている人も少なくありません。

しかし近い将来、同性婚が日本でも実現し、当たり前になる時代がやってくるでしょう（→45P）。近年の社会の変化や企業の対応をみると、LGBTカップルののぞむ将来は少しずつ実現しやすくなっているといえます。

たとえば、2015年11月に東京都渋谷区・世田谷区ではじまった同性パートナーシップ制度は、2020年には全国で30を超える自治体で導入されています。同性パートナーシップ制度は、異性同士の結婚制度と比べるとまだ不十分な点はあるものの、同性カップルの結婚制度を認めている国の多くがこうしたパートナーシップ制度を経てから同性間の結婚制度の導入へ至りました。

企業でも、異性同士の結婚と平等な福利厚生が受けられるところは年々増加しています。また、大阪府では、ゲイカップルの養子縁組受入れが正式に認められました。

今後ますます、多様なライフスタイルを選択しやすい社会になっていく中、パートナーとお互いのキャリアプラン、ライフプランをすり合わせ、企業が対応できる範囲やカミングアウトのメリット・デメリットなどをふまえ計画を立てておくことで、いざというときに自分たちにとって最適な選択をすることにつながるでしょう。

■ 転勤や海外赴任の可能性があるとき

共働きカップルにとって、パートナーとの生活が大きく変わるタイミングのひとつ

に、転勤や海外赴任があります。どちらかが転勤や海外赴任を命じられた場合は、単身で赴任するか、転職するか、どちらかが退職してパートナーについていくかなど、さまざまな選択を迫られます。

こうした転勤命令は、異性同士の夫婦でどちらかに転勤できない事情がある場合は、企業が考慮してくれることもあります。

また、やむをえず転勤する場合は、単身赴任であれ、家族同伴であれ、従業員や従業員の家族の生活に大きな影響を及ぼすかわりに、企業が家族の生活をサポートしてくれます。

パートナーか自分のどちらかに転勤や海外赴任の可能性がある仕事なら、事前にお互いの企業の制度を確認しておくとよいでしょう。

異性カップルと同性カップルとの間で不平等な点があったり、そもそも異性・同性に関わらず制度が不十分な点があった場合などは、カミングアウトの有無やお互いののぞむ生活を考慮して、あらかじめいくつかの対応パターンを考えておくと安心です。

同性のパートナーが命じられた海外赴任先は、同性愛を禁止している国でした。カミングアウトしていないのですが、どうするべきでしょうか？

同性愛が犯罪になるといっても、外国人が捕まることはあまりありません。キャリアを優先して、受諾することもありえるでしょう。情報を集めて冷静に判断し、もしパートナーが行くという決断をしたならば、それを尊重しましょう。

しかし、何かあったときのために、できれば企業の人事に相談しておくと安心です。カミングアウトのメリット・デメリットを、2人のキャリアプランとライフプランに照らし合わせて検討してみましょう。

POINT

- パートナーとお互いのキャリアプランとライフプランを話し合う
- 事前にお互いの企業の制度を確認しておく

ゆいさんの場合

● クローズドで働くストレス、勢いのカミングアウト

　私はウェブサービスを開発・運用している大手IT企業で、エンジニアとして勤めています。現在の企業に入るまでは、10年ほど男性エンジニアとして、銀行や証券、保険など、基幹系システムの開発を中心に携わっていました。

　この領域の仕事は安定性を重視するため、はやりの技術を使ったチャレンジができませんでした。また、出向が多くクライアント先で仕事をするため、セクシュアリティについては絶対に打ち明けることのできない環境でした。

　激務が多く過度なストレスにさらされるなか、女性になりたいという思いが抑えきれなくなり、誰にもいわず女性ホルモンの接種をはじめました。しかし、接種開始直後は慣れていないためか精神的にも少し不安定になり、カミングアウトをしないといけないような状況を自分自身でつくってしまいました。

　カミングアウトをした結果、受け入れてもらうことができず、前の企業にいることが難しくなり退職することになりました。

● 女性として働ける環境と、エンジニアとしてのキャリアアップを求めて

　私は男性として結婚をしており、2人の子供がいます。ただ、セクシュアリティのことや日々のすれ違いなどから家庭はうまくいっておらず、離婚はしていませんが、別居して生活費と養育費を渡しているという状況でした。また自分の生活費や手術のことを考えると、収入はそれなりに必要でした。

　そこで、女性として働けること、収入面でも安定した企業であることを条件として転職活動を開始しました。前職とは違って社内勤務ができる職場であれば、女性として働かせてくれる可能性が高まると考え、自社でウェブサービスなどをもっているIT企業を希望することにしました。

　女性としての新たなスタートにあたって、基幹系システムからウェブサービスへと、いままでとは違う技術領域にチャレンジしてみたいという思いもありました。

転職エージェントを通じて、正直に「女性として働きたい」と伝えていくつかの企業に応募しましたが、セクシュアリティのためか書類選考も半分くらいしか通りませんでした。面接に進んだ企業でも、単純に技術力で通過できない企業が何社もありました。

最後に面接を受けたのがいまの企業ですが、自分の技術力についてアピールしたことはもちろん、女性として働きたいという思いについても話したところ、真摯に耳を傾けてくれました。自分らしく対話することができたため、企業のカルチャーにマッチしていると判断され気に入ってもらい、女性として働くことを叶えることができました。

■ カミングアウト後、女性として生活をはじめて

女性ものの服を着て、化粧をして通勤し、仕事のあとはエステに通ったりと、いままでできなかったことを女性として経験できるようになったことは、もちろん嬉しいです。現任は自分からいわない限り、トランスジェンダーであることはわからないくらいになっていますが、親しくなった人にはあえて伝えています。

それは、身近に私たちのような人が普通に働いていることを知ってほしいのと、打ち明けると興味をもって聞いてくれ、仲良くなるきっかけにもなるためです。

伝えた前後でも男性、女性関係なく、一人の「人」として普通に接してくれることが何より一番嬉しいですし、それを含めて自分の「心」を隠さなくていいので、とても充実しています。

一言メッセージ

就活や転職でも、大切なのは目の前の人との「対話」です。しっかり対話をすれば、理解してくれる企業は増えています。一度きりの人生。自分がいつか死んでしまうそのときに悔いの残らないように、やりたいこと、できることをやってその瞬間まで全力で生きましょう。きっと楽しい人生になると信じています。

すぐるさんの場合

- **デザイナーとしてのキャリアアップと、自分らしく働ける職場を探して**

　私はいま、ウェブ系のスタートアップ企業でデザイナーとして勤めています。デザインの仕事は10年ほどキャリアがあり、さまざまな業界で、ウェブや印刷物を中心に携わってきました。

　前職は比較的大規模な企業で、制度や働く環境は整っていましたし、仕事内容のやりがいも大きかったのですが、もっと深いキャリアを積みたいと思い、現在の企業に転職しました。いまの組織は少人数なので、任される裁量が大きくやりがいを感じるだけでなく、一緒に働く人たちがとてもフレンドリーで、自分のセクシュアリティを気にせず働けるという点も大きな魅力です。

- **「彼女いないの?」「結婚はまだ?」の質問には言葉を濁していた**

　私はオープンな性格なので、自分のセクシュアリティについて悩んだことは少なかったかもしれません。ですが、職場の人にカミングアウトをすることには消極的でした。

　たとえばいままで勤めていた企業の飲み会では、同僚や上司が楽しそうにパートナーや家族の話をして心を開いてくれているのに、自分は「ゲイであること」に後ろめたさを感じて、素直に自分の話をすることができませんでした。

　恋愛の話になったとき「彼女いないの?」という一言にも、何となく言葉を濁したり、異性に置き換えて話をしたりして、そのたびにもどかしい気持ちを感じていました。

　カミングアウトをすることで、職場の人たちから否定されてしまうのではないかという怖さがあったのと、仕事にも影響があるのではないかという不安があったからです。

　またこんなエピソードもあります。以前、大手のウェブ系の企業に勤めていたときのことです。当時付き合っていたパートナーが仕事で遠方に移住することが決まり、自分も彼とともに移住し、一緒に住むことになりました。

　その企業にはいくつか支店もありましたが、「男性のパートナーと一緒に移住するから」という理由での異動は認められないだろうと思い、結局自分からその企業を退職してしまいました。

　仕事をするにも生活をするにも、どこかゲイであることがネックになっていて、うまくいかないことは多かったと思います。

　私はそんな自分の過去に対して、ずっと「悔しい」という思いをもっていました。自分のことを伝えたら、理解してもらえて、何も無駄なことを考えずに好きな仕事に集中できたかもしれないのに……。

　だから、自分のため・仕事のためにも人間関係をもっと円滑にしたいと思い、いまの職場では私からカミングアウトをして働いています。

■ 「悔しい」と思っている時間を楽しい時間に変える

　カミングアウトは、決してしなければいけないものではありません。それにいわなければ自分がゲイであることは周囲にはわからなかったかもしれません。

　変化を起こすということはとても勇気がいることでしたが、でも私は、セクシュアリティを伝えることで、職場での人間関係も築きやすくなるのではないかと思いました。

　自分の気持ちを隠していたり、嘘をついている自分に対して「悔しい」と思う時間があるなら、その時間を好きなことや仕事に思いっきり打ち込んだり、笑顔でいられる時間に変えられれば、それって素敵なことですよね。

一言メッセージ

まずは自分自身のセクシュアリティを認めることからはじめてみてください。せっかくの一度きりの人生なので、迷ったり悩んだり、苦しみを感じている時間を、他の楽しいことに費やして、自分が笑っている時間を増やせるといいですね。きっとあなたの人生がもっと輝かしいものになると思います。

企業の取り組みを知る指標

　LGBTフレンドリーな企業の取り組み内容や評価を調べたいときは、JobRainbowの企業検索で、業界や社名から数百社を一括で調べることができます。根拠となるデータには独自の調査にもとづくものもありますが、第三者機関として下記の指標も参考にしています。

PRIDE指標

　PRIDE指標とは、任意団体「work with Pride」が職場におけるセクシュアル・マイノリティへの取り組みを次の5つの評価指標に基づいて策定したものです。1）Policy: 行動宣言、2）Representation:当事者コミュニティ、3）Inspiration:啓発活動、4）Development:人事制度、プログラム、5）Engagement/Empowerment:社会貢献・渉外活動の評価指標からなり、5点獲得企業・団体はゴールド、4点はシルバー、3点はブロンズとして、毎年表彰されます。表彰された企業の中からベストプラクティスとして、ユニークな取り組みも紹介しています。

CEI

　CEI(Corporate Equality Index)とはアメリカの人権団体「ヒューマン・ライツ・キャンペーン財団」が毎年発表している企業のLGBTQの差別撤廃を評価する指標です。調査をもとに100点満点で評価され、日本企業ではトヨタやソニーが最高得点を獲得しています。2020年には1059社が調査に回答し、686社が満点を獲得するなど、アメリカで最も影響力のある指標といえます。

　評価指標は、1）LGBTに対する職場での差別禁止を行っているか、2）福利厚生や制度からLGBTが排除されていないか、3）LGBTに関する社会貢献やコミュニティへのサポートをしているか、から構成されており、調査の後、企業に対しては改善案などのフィードバックが送られます。

LGBTフレンドリーな企業紹介

18社の取り組み

※五十音順

アメリカン・エキスプレス・インターナショナル, Inc.

[URL]
https://www.americanexpress.com/jp/
[創業年] 1850年
[従業員数] 非公開
[平均年齢] 非公開
[総取扱高] 非公開

● 業務紹介

アメリカン・エキスプレスは、多様な商品・サービスを通して個人顧客には「特別な体験」をお届けし、また優れたデータ分析や経費削減ツールを用い、幅広い法人顧客のビジネス成長を支援しているグローバル・サービス・カンパニーです。日本では、1917年に横浜に支店を開設し、世界に広がる独自の加盟店ネットワークと、世界140か国以上のトラベル・サービス拠点を通じ、最高品質のサービスを提供し続けています。

● LGBTへの取り組みをはじめたタイミングときっかけ

アメリカン・エキスプレスでは、Blue Box Valueという全社的な基本理念を策定しており、人種や性別、年齢、国籍、宗教、性的指向、性自認、身体能力・特性といった多様性(ダイバーシティ)を、最大限に引き出し、受け入れる(インクルージョン)職場環境を目指しています。LGBTへの取り組みはその基本理念に基づいて実施されています。日本では2018年の8月に、社員の自主的な働きかけにより、LGBTに関する社員ネットワークが初めて設立されました。

● 実際の取り組み内容

日本では定期的に社員向けのLGBTに関するトレーニングや、啓蒙月間を設けています。実際に同性パートナーシップ制度を導入し、就業規則や福利厚生の改定も行いました。また、東京レインボープライドなどのイベントにも協賛しています。

● 手ごたえ

各イベントの参加者から、家族や友人とセクシュアリティについて話す機会をもった、もっとLGBTについて知りたい、といった声を複数いただきました。また、活動を開始して以降、毎年実施している社員満足度調査では、多様性に関する社員の満足度が向上しています。

● 今後の課題と改善点、実現したいこと

多様性を重んじる文化をますます醸成し、社員満足度調査(匿名で回答)でLGBTであると申告する社員の数が増えること、またその社員の満足度が継続的に向上していくことを目指していきます。また、インクルーシブ・リーダーシップの推進などの社員教育をさらに進めていきます。

● 一言メッセージ

アメリカン・エキスプレスは今後も、多様な価値観に重きを置き、社員一人ひとりが共通の目標に向かって協力できる職場づくりを進めていきます。

イケア・ジャパン
株式会社

［URL］
https://www.ikea.jp/
［創業年］
2002年（日本での1号店オープンは2006年）
［従業員数］約3,200人
［平均年齢］39歳
［売上高］非公開

■ 業務紹介

イケアはホームファニッシングを通じて「より快適な毎日をより多くの方々に」提供したいと考えています。家の中が快適になることで、その人の人生がよりよくなると信じています。

■ LGBTへの取り組みをはじめたタイミングときっかけ

私たちは世界の中でEquality（平等）のリーダーになり、ポジティブな影響を私たちのビジネスに、そして社会に与えられるようになりたいと考えています。Equalityは私たちの会社のバリュー（価値観）とリンクしています。一緒に働くコワーカーには、「自分らしく」いてほしいです。誰も同じ人はいません、誰もが平等で尊重される環境で「自分らしく」働き、自分の才能を開花してほしい。そのために、ダイバーシティを大切にしています。

■ 実際の取り組み内容

平等な機会、平等な働く環境と就業規則を導入しています。

LGBTだから特別にしているというのではありません。大切なのはLead by example（手本となる行動でリードすること）で、よいお手本が近くにあることです。

■ 手ごたえ

誰もが働きやすく自分の意見がいいやすい環境です。また、多くの人が自分でリーダーシップを取りやすくなりました。各個人が個人として認められているためです。イケアの中には、各個人の特性を活かしたさまざまなタイプのタレントでいっぱいです。何かが強くて何かが弱くてもいいのです。そのユニークなタレントがイケアをさらにおもしろく成長させてくれるからです。

■ 今後の課題と改善点、実現したいこと

それぞれの人が自分の人生を自分で選択し生きていける時代が到来しています。さまざまな人のさまざまな人生に寄り添い働いていける環境を整えることが大切です。一度整えたら完成でなく、常に変化していく日々に企業として対応し、また、一緒に働く仲間として共感・尊重してそれぞれが個性を発揮していくことが、企業の成長につながると信じています。

理解はしていても、日々のささいな言葉遣いは自分の視点に立つことが多いので、これは勉強が必要だと思います。コワーカーにさまざまな視点をもつ機会を提供していきたいと思います。

■ 一言メッセージ

「自分らしく」、自分をごまかさないで自分と生きていくことが大切だと思います。

LVMH モエ ヘネシー・ルイ ヴィトン・ジャパン株式会社

[URL]
https://www.lvmh.com/
[従業員数]
156,000人(日本法人は約7,100人)
[売上高]
4,680億ユーロ(約6兆円)

■ 業務紹介

LVMHグループは、ルイ・ヴィトン、クリスチャン・ディオール、ブルガリ、ドンペリニヨンなど75以上のプレステージブランドを擁する、世界の高級ブランド品業界のリーダーです。その使命は、「Art de vivre－美しく豊かに生きる喜びを、洗練された製品を通じて世界に伝えていく」ことです。

■ LGBTへの取り組みをはじめたタイミングときっかけ

LVMHは、「People Make the Difference」という「One Core Belief（基本理念）」、そして3 Values(信条)「創造と革新」「卓越性の追求」「起業家精神」を掲げ、実践しています。「人材の多様性」はLVMHのDNAの中核であり、国籍、言語、性別、年齢、あらゆる面で常に多様な人材を採用し、育成することに力を入れてきました。

2019年3月に、グループは国連の「LGBTI差別の解消に取り組む企業に向けた行動基準」にサインしました。インクルージョンを次の段階に引き上げることは、3つの信条(Values)を一層強化することにつながり、グループの強みをさらに強固なものとするためです。

■ 実際の取り組み内容・今後の課題、改善点、実現したいこと

日本では、現在7,100人を超える社員が活躍をしていますが、うち70％が女性、そして70％が店舗で働いています。女性の管理職比率は54％を超え、各メゾン日本法人の社長における日本人・外国人比率も半々と、性別、国籍、年齢面すべてにおいて多様性のある組織となっています。LGBTI当事者であることをカミングアウトをする、しないは個人的な選択ですが、オープンにして活躍している社員も多く在籍し、社長、部門長、人事責任者、店舗のスタッフなど、職種や役職を問わず活躍しています。

一方で、就業規則や福利厚生制度面においては、一層多様化する社員のニーズ、たとえばワーク・ライフ・フィットを充実させる制度、同性パートナーの方にも配偶者と同等のベネフィットを明文化すること、またインクルーシブ・リーダーシップの推進など、引き続き取り組むべきことが多くあると考えています。

■ 一言メッセージ

企業説明会や面接などの際、たびたび「求める人材像」に関する質問を受けることがあります。もちろん募集職種、メゾンにより、多少求めるもの（業務知識、経験、メゾンに対する興味など）はあります。しかしながら、一番大事なのは、応募者の方が望む成長やキャリア・ビジョン、働き方が、LVMHの環境下で実現できるかどうか、だと考えています。社員一人ひとりが自分らしくあり、自分なりの働き方を自ら選ぶことができることをとても大切にしています。

株式会社
資生堂

[URL]
https://www.shiseidogroup.jp/
[設立年]1872年
[従業員数]約46,000人
[平均年齢]非公開
[売上高]1兆948億円

● 業務紹介

資生堂は多様化する美の価値観、ニーズを捉え、人々に自信と勇気を与え、喜びや幸せをもたらすイノベーションに美を通じて挑戦し、世界をよりよくするためにイノベーションを起こし続けていくことを使命として活動する企業です。

● LGBTへの取り組みをはじめたタイミングときっかけ

多様な人材の入社や社会環境の変化をきっかけに、2014年後半より開始しています。

● 実際の取り組み内容

・本社エリアを中心としたLGBTに関する理解促進のためのセミナーなどの実施(2014年〜)
・当事者など多様な背景をもつ就活生・求職者向け企業紹介イベントへの参加(2015年〜)
・生活者視点に基づき、当社が目指す「Personalized Beauty(人それぞれの美しさ)」の価値を多くの方々と共感する機会への参加(東京レインボープライドをはじめ、渋谷区、福岡、名古屋などでのLGBTイベントでのメーキャップ・スキンケア体験)(2015年〜)
・Out in Japan Projectでのヘア・メーキャップなどのサポート(2015年〜)
・社内人事・福利厚生制度の適用拡大(2017年〜)
・店頭対応スタッフを中心とした研修の実施(2018年〜)

● 手ごたえ

本社周辺の部門・事業所を中心としたLGBTに関する理解促進の活動が、徐々に拡大し国内外での資生堂グループでの活動に波及しました。シンガポールではOut in Japanの現地版撮影で、当社ブランドが協賛をしています。

また、本社・日本地域本社・関係会社内の理解や制度の整備が進み、多様な人材の入社・参画が進んでいます。

さらに、地方自治体・他社との多様性に関する価値観の共有と、それを目指したイベントへの参加も有機的にはじまり、より多くの人々への多様な美しさの価値提供機会を生み出しています。

● 今後の課題と改善点、実現したいこと

社内の活動としては、多様な人材が働きやすく、個性や能力を存分に発揮できる環境整備に取り組んでいけるよう、社内外のさまざまな方々と協力していきます。その活動を続けることで、当社が目指す多様な美の価値観を、多様な方々と広く共有・共感し、ビューティーイノベーションを実現させていきたいと思っています。

株式会社
チェリオコーポレーション

[URL]
https://www.cheerio.co.jp/
[創業年] 1961年
[従業員数] 294人
[平均年齢] 41.3歳
[売上高] 95.8億円

■ 業務紹介

ライフガード、チェリオブランドの下、清涼飲料水の製造および販売を行っています。

■ LGBTへの取り組みをはじめたタイミングときっかけ

弊社の経営者と東京レインボープライド代表の杉山文野さんとの親交や、多様性を尊重する社風が取り組みをはじめたきっかけです。

■ 実際の取り組み内容

社外では主に国内プライドイベントの参加、および出展を行っています。国内最大級のイベントである東京レインボープライドに2014年から協賛を行い、2015年からはトップスポンサーとして一緒に取り組みをしています。

また、2019年度は東京レインボープライドをはじめ、全国11か所のプライドイベントに参加をいたしました。今後も全国のプライドイベントへの参加や、自社で展開する2万台以上の自動販売機でのレインボーパッケージのライフガードの販売を通し、多様な価値観の発信に取り組んでいきたいと思います。

社内での取り組みはできるところから少しずつはじめました。月刊の社内報にLGBTに関するコラムの掲載、社内研修の実施、社内相談窓口の設置をし、社内で少しずつ理解が広まっていきました。そして若手社員が進んで就業規則の改定を行い、京都本社では誰でもトイレの設置をしています。

■ 手ごたえ

実際に働く当事者からは、自分らしく、チームの一員として働けているとの声があがっています。また、採用においても変化があり多様性を尊重する社風に共感をもった人材が集まってきています。

■ 今後の課題と改善点、実現したいこと

売上の一部をプライドイベントの応援にあてられる「チェリオのんでCHANGE!」自動販売機を社員一同、地域のみなさんに寄り添う形で広げていきたいです。

■ 一言メッセージ

国籍や学歴、性別などバックグラウンドに関係なく、個人の能力を最大限に発揮し、自分らしく働くことができる職場を探してみてください!

株式会社
TENGA

[URL]
https://tenga-group.com/
[創業年] 2005年
[従業員数] 115人
[平均年齢] 35.1歳
[総取扱高] 69.8億円 (国内海外連結売上)

業務紹介

「性を表通りに、誰もが楽しめるものに変えていく」というビジョンのもと、性生活に役立つアイテムを提供しています。現在4ブランドの製品を、65か国で累計8,000万個以上出荷しています。

LGBTへの取り組みをはじめたタイミングときっかけ

発売当初より「女性器を模さないデザイン」という製品特徴をご好評いただいたことでゲイコミュニティとの交流が増え、その流れの中で東京レインボープライドにも2013年から出展しております。また海外のゲイパレードにも参加し、差別をなくす活動の一助となれるよう努めています。

実際の取り組み内容

2017年から毎年プライドウィークに合わせて「レインボープライドカップ」の発売をスタート。売上の一部をLGBT関連の活動に対するサポートとして寄付しております。今年はNPO法人・虹色ダイバーシティ様と連携し、社員を対象とした勉強会やイベントのスポンサードを行っております。

先日はジェンダーフリーの社交ダンス競技会「TENGAイチ舞踏会」をスポンサード。異性装や同性同士での出場を可能にした本イベントは、大いに盛り上がりました。

社内規定としては、昨年よりパートナーシップ制度を導入。「市区町村(例:渋谷区、世田谷区など)に認められているパートナーについては夫婦と同様に取り扱う」というもので、結婚祝い金の贈呈や結婚休暇の取得など、結婚した社員と同じ福利厚生が適用されます。

手ごたえ

オープンなLGBT社員が複数名在籍し、ビジョンに共感して入社する社員が多いためか、社内で「当事者であること」が自他ともにあまり意識されない、フラットな職場環境に繋がっています。性的指向についてオープンであってもなくても、特に気兼ねなく働いていただけると思います。

今後の課題と改善点、実現したいこと

完璧な理解というのは難しく、これまで気づく機会のなかった無意識の思い込みがふとした発言に出ることもあります。我々も当事者を取り巻く状況をすべて理解できているわけではないので、勉強会やその他の活動を重ね、より理解を深める取り組みを今後も行おうと考えています。

一言メッセージ

広く「性」に関する価値観の転換期にある今、その変化を肌身で感じられるのがTENGAでの仕事です。ブランドを通して、誰もが性を楽しめる土壌づくりに貢献できたらと思います。

株式会社
丸井グループ

[URL]
https://www.0101maruigroup.co.jp/
[創業年] 1931年
[従業員数] 5,326人
[平均年齢] 43.7歳
[総取扱高] 2兆5,396億円

● **業務紹介**

小売と金融が一体となった独自のビジネスモデルにより、すべての人が「しあわせ」を感じられるインクルーシブで豊かな社会の実現を目指しています。

● **LGBTへの取り組みをはじめたタイミングときっかけ**

2016年に年齢・性別・身体的特徴を超え、すべてのお客さまに楽しんでいただける商品・サービス・店舗のあり方を追求していくことを宣言しました。

● **実際の取り組み内容**

東京レインボープライドなどのLGBT啓発イベントでは、レインボーフラッグを店舗に掲出しています。

性別にとらわれずに自分の体型に合ったスーツが選べるオーダースーツの体験イベントも店舗にて開催しました。

また、丸井グループのクレジットカード事業会社のエポスカードでは、LGBTコミュニティ支援の「プライドハウス東京エポスカード」を発行しています。

お客さまからいただくデザインカード発行料500円をプライドハウス東京に寄付することに加え、カード利用実績に応じて付与されるポイントも寄付に充てられる仕組みとなっており、誰もが簡単にコミュニティ支援の一歩をふみ出せる機会につなげています。

● **手ごたえ**

今まで接点のなかった多様なお客さまにご利用いただけるようになり、新しいお客さまが着実に増えています。

また、ビジネスを通じて社会課題を解決するという考え方に共感して弊社に入社を希望する学生が多く、この取り組みの広がりを感じています。

● **一言メッセージ**

みんなで一緒にすべての人が「しあわせ」を感じられるインクルーシブで豊かな社会を実現していきましょう!

株式会社
物語コーポレーション

[ＵＲＬ]
https://www.monogatari.co.jp/
[創業年] 1949年
[従業員数] 1,122人
[平均年齢] 31.8歳
[売上高] 589億円

● 業務紹介

当社は日本国内および中国において、5業種15業態、約550店舗の飲食店を直営による経営と、フランチャイズチェーン展開をしている企業です。

● ＬＧＢＴへの取り組みをはじめたタイミングときっかけ

当社はダイバーシティ(多様性)推進の一環として、人種・国籍・年齢・性別関係なく誰もが活躍できる会社にしようという想いのもと、「個」の尊厳を「組織」の尊厳の上に置くという理念を掲げております。

その中で、LGBTの方への取り組みをはじめたのはプロジェクトを発足させた2018年7月からです。きっかけとしては、中途社員の採用活動の際、知識不足がゆえに言葉足らずで不快な思いをさせてしまったという経験からでした。

● 実際の取り組み内容

具体的な取り組みは、経営幹部も含めた全社員への基礎教育からスタートさせ、社内規定(同性パートナーシップ制度導入や、就業規則の変更など)の変更、豊橋・東京オフィスお手洗いのオールジェンダー化、相談窓口の開設や当事者コミュニティの設立などを進めてまいりました。今後は社員のみならず、全パート・アルバイトへの理解促進に注力してまいります。

● 手ごたえ

100名以上の社員による「アライ宣言」や、複数名当事者社員の全社に向けたカミングアウト、当事者やアライの求職者からのエントリーなど、社内が少しずつ変化しております。

また、PRIDE指標2019における「ゴールド」を受賞することもできました。プロジェクト始動から1年半程ではありますが、理念の「個」の尊厳を大切にする企業として、ダイバーシティ(多様性)推進に努めてまいります。

● 今後の課題と改善点、実現したいこと

真のダイバーシティ(多様性)推進として、人種・国籍・年齢・性別関係なく誰もが活躍できる環境づくりに今後も注力いたします。LGBTに関しては、将来的にカミングアウトという言葉もなくなるほど、誰もが自由に自分の性について個性の一つとして話ができるような社内を目指します。

また、従業員のみならず、お客様にも気持ちよくご利用いただける環境整備に尽力してまいります。

佐川急便
株式会社

[URL]
https://www.sagawa-exp.co.jp/
[創業年] 1957年
[従業員数] 54,396人
[平均年齢] 39歳
[売上高] 1兆1,180億円(連結)

▪ 業務紹介

私たち佐川急便株式会社は、「最高の『運ぶ』で物流を『創る』～お客様と共に成長する～」を経営ビジョンに掲げ、宅配便を中心に幅広くデリバリー事業を展開するとともに、物流面からお客様の課題を解決するソリューションをワンストップで提供しています。1957年に京都で「飛脚業」として創業し60年余り、「運ぶ」プロ集団として、物流インフラを支えています。

▪ LGBTへの取り組みをはじめたタイミングときっかけ

佐川急便のダイバーシティへの取り組みは、当社の親会社SGホールディングス株式会社が2011年に女性活躍推進施策の一環として新設したグループ横断型組織「わくわくウィメンズプロジェクト」がスタートとなります。佐川急便は、2013年2月に社長自らが委員長となり指揮をとる社長直轄型全国組織「さがわワクワク委員会」を発足。「誰もが働きやすく、働きがいのある職場」の実現を目指し、「ダイバーシティ推進」を成長戦略の柱に掲げました。

▪ 実際の取り組み内容

LGBTに対する活動を本格化させたのは、2015年のことです。

私たちは、LGBT活動をはじめるにあたって、まず従業員に対する正確な知識の周知と啓発が必要と考えました。幹部社員から全国の営業所長、係長・主任まで幅広い従業員を対象に、ダイバーシティ経営におけるLGBTへの対応のあり方について講習を実施したほか、外部有識者や各種支援団体が監修した冊子も配布しました。社内の相談窓口でLGBTに関する相談の受付を明文化するなど、LGBTの受け入れ態勢も拡充しました。

こうした取り組みは、着実に成果を生み出しています。佐川急便では、LGBTであることを自ら明らかにしているセールスドライバーが在籍しており、2019年版「THE佐川男子カレンダー」には、トランスジェンダー(FtM)の社員が登場するまでになりました。「誰もが自分らしく働けるよう、多様性への理解が広がってほしい」との言葉は、まさに佐川急便の積極的なダイバーシティ経営姿勢を象徴しています。

▪ 一言メッセージ

私たち佐川急便は、「変化」と「挑戦」をDNAとして時代や価値観の変化を捉え常に挑戦を続けてきました。その歴史を将来に引き継ぐためには、多様な従業員が生き生きと自発的に仕事に取り組める環境の整備が欠かせません。今後ますます重要性を増す物流インフラを、現場とお客さま起点でもっと便利に快適にしたい。そのために、私たちはさらにLGBTをはじめとするダイバーシティ経営を推進してまいります。

JTBグループ

［URL］
https://www.jtbcorp.jp/jp/
［創業年］1912年3月12日
［従業員数］28,510人
［売上高］1兆3,674億円

● 業務紹介

　JTBグループでは、"ならではの価値"（商品・サービス・情報および仕組みなど）の提供により、あらゆる交流を創造し、お客様に感動と喜びを提供しています（グループ事業ドメイン「"交流創造事業"」）。

● 経営改革について

　事業環境の変化に柔軟に対応していくため、新たな経営戦略の実現に向けてグループカルチャー改革※を進めています。

　お客様から支持され会社が持続的に成長していくためには、社員一人ひとりの能力の最大化と、その結集が欠かせません。JTBグループでは一人ひとりを尊重するカルチャーの醸成により、企業成長に不可欠な"ならではの価値"を創造し続けることを目指しています。

※5つの改革（ダイバーシティ改革／働き方改革／コミュニケーション改革／キャリア改革／評価マネジメント改革）の相乗効果で組織風土の変革を促し、新たな価値を創出していく取り組み（2018年4月より）。

● LGBTへの取り組みをはじめた理由

　カルチャー改革の柱の一つである「ダイバーシティ改革」は、多様な価値観を活かし、組織力向上につなげていくことを目指しています。そのためには、誰もが最大限のパフォーマンスを発揮することができる「心理的安全性の高い職場風土」を構築する必要があります。

　LGBTについての取り組みも、まずは正しい理解の浸透を目的に、セミナーの開催や動画視聴による展開を行っております。まだ十分な状況とはいえませんが、誰もが理解することができるよう、今後も継続して取り組みを進めていきます。

● ダイバーシティ改革の現状の取り組みについて

　多様な価値観や働き方を理解していくための研修として、女性の多様な働き方支援研修、多様な人財を活かすイクボスセミナー、異文化コミュニケーション研修、LGBTや介護のセミナーなど、多岐に渡った内容で展開しています。また、多様な性のあり方に理解を示し、必要に応じて支援を行う「LGBTアライ」としての行動を養成するセミナーの新設、既存セミナーの強化や見直し、現状の職場の課題に則した効果的な研修の新設など、定期的に改修を行っています。

● 今後に向けて実現したいこと

　あらゆる価値観の尊重や、多様な働き方についての相互理解を今後も継続して進めていき、互いを思いやる気持ちをもって接することができる職場風土の実現を目指していきます。

セガサミー
ホールディングス
株式会社

[URL]
https://www.segasammy.co.jp/
[創業年] 2004年
[従業員数] 7,993人
[平均年齢] 40.3歳
[売上高] 3,316億円

● 業務紹介

「感動体験を創造し続ける 〜社会をもっと元気に、カラフルに。〜」
セガサミーグループは、さらなる成長を目指し、このグループミッションを掲げています。

セガサミーグループは、「セガ」と「サミー」の事業会社を中心に、ゲームや遊技機からアニメーション制作、トイ、そしてリゾートに至るまで幅広いエンタテインメントを手掛け、あらゆる製品・サービスを通じて感動体験を世界中のお客様へお届けしています。身近なエンタテインメントで多くの方々と寄り添い、人生にエールをお贈りしています。

● LGBTへの取り組みをはじめたタイミングときっかけ

海外での駐在経験のある当社社長が日本の多様性に関する意識の低さに危機感をもち、多様性を受け入れる企業文化をつくるため変革への取り組みを開始しました。

LGBTについては、同性パートナーを配偶者と同じ扱いとする制度変更やLGBTに関する相談窓口を設置するなど制度面の整備に着手し、従業員の理解を深めるための活動から進め、仕上げとして2019年東京レインボープライドに協賛し、社員とともに社長自らも参加することで、社内だけでなく対外的にもLGBTを理解し応援する企業としてアライ宣言しました。

こうした取り組みを評価いただき、PRIDE指標2019において「ゴールド」を受賞しています。

● 一言メッセージ

グループミッションの"社会をもっと元気にカラフルに"には、もっと社会に活力を与えられる企業になるという意味とともに、多様性を受け入れるという意味も込めています。

海外では国籍、性別、性的指向など多様な人材を受け入れることが当たり前であり、それをもって多様性とはいいません。

日本でもいま"多様性"といわれているものが、早く"当たり前"となる社会を目指して企業文化も変革しています。

多くの価値観が絡み合い、融合することで新しいエンタテインメントを創造し、感動体験を通じてお客様はもちろんのこと、社員、取引先の皆さまの人生、そして社会そのものをよりカラフルにしていく。

セガサミーグループの未来のために、共に歩んでいただける方にぜひ、当グループで一緒に働いていただきたいと思います。

ソニー
株式会社

[URL]
https://www.sony.co.jp/
[創業年] 1946年
[従業員数] 114,400人
[平均年齢] 42.4歳
[売上高] 8兆6,657億円

■ 業務紹介

「クリエイティビティとテクノロジーの力で、世界を感動で満たす。」をPurpose(存在意義)とし、エレクトロニクス、エンタテインメント、イメージセンサー、金融など多様な事業を展開しています。

■ LGBTへの取り組みをはじめたタイミングときっかけ

work with Pride 2013への会場提供をきっかけに、社内の当事者グループと人事担当者がつながり、活動拡大の転機になりました。現在も当事者の声を聞きながら継続した活動を行っています。

■ 実際の取り組み内容

ソニーは、設立当初より多様性を競争の源泉としてきました。「多様な人材が集まるからこそ、会社は強くなる」という考えに基づき、同性パートナーへの福利厚生・人事制度などの適用、相談窓口の設置、社内ジェンダーフリー化の推進、研修やイベントなどさまざまな取り組みを進めています。社内の当事者がワークショップに登壇し、声を伝えてくれることもあります。

■ 手ごたえ

国内では、PRIDE指標において4年連続「ゴールド」の認定。また、海外ではHuman Rights CampaignよりCorporate Equality Indexで100%の評価を獲得するなど、社外から高く評価されています。2013年よりグループ会社の人事担当者向けに勉強会を継続的に実施し、各社でLGBT社員への理解や環境整備が進みました。具体例としては、多目的トイレ設置、グループ保険に同性パートナーの適用などがあります。

■ 今後の課題と改善点、実現したいこと

アライ活動を充実させ、心理的安全が実感でき、誰でも自分の成長・キャリアに集中できる環境づくりを進めていきます。また、社員一人ひとりがLGBTについて正しく理解し、カミングアウトしていなくても、すぐそばに一緒に働いていることを当たり前に思え、安心して働ける職場環境の実現に向けて取り組んでいきます。

■ 一言メッセージ

人は、誰でも何らかのマイノリティな部分をもっています。カミングアウトする人もいれば、しない人もいるなど、一人ひとりの価値観はさまざまであり、それらも含めて多様性を尊重することが大切だと考えます。私たちは、誰もが自分らしく活躍していける組織文化の醸成を目指しています。

ソフトバンク株式会社

［URL］
https://www.softbank.jp/corp/
［創業年］1986年
［従業員数］17,100人
［平均年齢］39.3歳
［売上高］3兆7,463億円(連結)

■ 業務紹介

「情報革命で人々を幸せに」という経営理念の下、ライフスタイルやワークスタイルに変革をもたらす、さまざまな通信サービスやソリューションを提供しています。

スマートフォンを軸とした魅力的なサービスや5Gネットワークで通信事業を強化するとともに、AIやIoT、ビッグデータなどの活用や、グローバルに事業を展開するグループのテクノロジー企業群とのコラボレーションにより、革新的な新規事業を創出し、さらなる事業成長を目指しています。

■ LGBTへの取り組みをはじめたタイミングときっかけ

多様な人材がより力を発揮できる環境を整えることを目的として、ダイバーシティの取り組みを行っています。LGBTの方の支援もこの取り組みの一つとして、2016年頃から本格的に進めています。

■ 実際の取り組み内容

同性パートナーの配偶者適用や性的少数者の方への差別禁止を就業規則で規定しています。また、全社員向けeラーニングや管理職研修の一つのテーマとして啓発活動を行っています。

その他にも、アライや当事者が参加するコミュニティがあり、LGBTに関する映画上映会や他社のコミュニティとの交流会などのイベントを行っています。

■ 手ごたえ

一定の理解は醸成できていると思いますが、まだまだ啓発活動は必要だと考えています。会社に対してカミングアウトをしている社員もおり、少しずつ環境は変わってきています。

■ 今後の課題と改善点、実現したいこと

社内の理解、文化醸成はまだ十分とはいえないため、コミュニティ活動を支援しつつ、継続的に啓発活動を行っていきます。

■ 一言メッセージ

さまざまな企業の出身者が入り混じって働いている多様性のある環境で、常に進化・変化し続ける職場です。

ソフトバンクの変化を楽しみ、何事もチャンスと捉え挑戦する人を求めています。興味のある方はぜひ応募してみてください。

日本航空株式会社

[URL]
https://www.jal.com/ja/outline/company.html
[創業年] 1951年
[従業員数] 12,750人
[平均年齢] 39.9歳
[営業収益] 1兆4,872億円 (連結)

● 業務紹介

日本航空株式会社(JAL)は、全社員の物心両面の幸福を追求し「お客さまに最高のサービスを提供すること」「企業価値を高め、社会の進歩発展に貢献すること」を理念としています。「さまざまな部門が力を合わせて一機の飛行機を運航する」というバリューチェーンを構築しています。

● LGBTへの取り組みをはじめたタイミングときっかけ

2010年の経営破綻後、トップが率先して社内制度や仕組みの再構築に乗り出しました。社員一人ひとりが生き生き働き、JALで働いていてよかったと思えるような職場環境を目指して、2011年から本格的にダイバーシティを意識した人財活躍を推進しており、2014年には経営戦略としてダイバーシティ宣言を行いました。LGBTについての取り組みは2016年より行っています。

● 実際の取り組み内容

人権という観点から、同性パートナー制度や相談窓口を設けたり、eラーニングや各種研修を実施したりしています。しかし、このような取り組みが実を結ぶには、前提としての風土づくりが一番大切だということに気がつきました。そこで、社内外の双方向のコミュニケーションを活発にするために東京レインボープライドへ毎年参加するようになりました。

● 手ごたえ

東京レインボープライド2019への参加社員はグループ会社含めると80名を超え、実際にイベントで体験してもらうことの影響の大きさを実感しています。また、同性パートナー制度については、「婚姻関係のある配偶者しか入れないと思っていた寮・社宅制度が適用されることは非常に嬉しい」といった声もあり、利用者は増えてきています。

お客さまからの好意的な反応も増え、徐々に風土がつくられつつあることを実感しています。

● 今後の課題と改善点、実現したいこと

ダイバーシティに関する取り組みは、まだ全社員の隅々にまでは浸透しきっていないように思います。今後も地道に活動をして、社員に向き合い続けていくことが、一番の近道だと思っています。

● 一言メッセージ

就職活動で心配事があれば深刻に考え過ぎずにいえることはいってほしいと考えています。誰しもマイノリティを感じることはあります。社員が困っていれば、しっかり向き合える社員が集う会社でありたいと思いますので、ぜひインクルージョンという軸でも会社を選んでほしいと思います。

野村ホールディングス
株式会社

[U R L] https://www.nomura.com/jp/
[設 立 年] 1925年
[従業員数] 27,864人（グループ全体）
[平均年齢] 39.6歳（野村證券株式会社 単体）
[売 上 高] 1兆1,168億円（連結）

■ 業務紹介

野村グループは、「アジアに立脚したグローバル金融サービス・グループ」として、世界30か国・地域を超えるグローバル・ネットワークを有し、国内外のお客様に付加価値の高い商品・サービスを提供しています。

■ LGBTへの取り組みをはじめたタイミングときっかけ

2008年、リーマン・ブラザーズの欧州とアジアのビジネスを承継し、その際にダイバーシティ＆インクルージョンのコンセプトと社員がボランティアで活動する社員ネットワークを引き継ぎました。そのネットワークの一つのLGBTネットワークが、2010年に活動をはじめたのがきっかけです。2013年より、「アライになろう！」をテーマに掲げ、社員向けの勉強会やLGBTコミュニティのイベントへの参加を通して社内風土の醸成に努めてきました。

■ 実際の取り組み内容

野村グループは、最大の財産である多様な人材は、競争力とイノベーションの源泉であるという考えのもと、LGBTも社員の多様性の一つと捉え、2012年よりLGBTへの差別禁止を規程（現行動規範）へ明記し、2019年には、国際連合の「企業のためのLGBTI行動基準」に、日本の金融・証券業界ではじめて署名し、企業としての姿勢を発信しています。また、野村證券では、2013年よりLGBTの要素を含めたダイバーシティ研修を開始、同性パートナーにも適用する福利厚生制度やトランスジェンダー対応ガイドラインの整備をしています。

■ 手ごたえ

トランスジェンダーの社員の入社にあたり、ガイドラインに沿って対応した事例があります。現場の社員からはこのガイドラインがあることで、安心して対応できたという声もあり、当該社員は現在も活躍しています。

■ 今後の課題と改善点、実現したいこと

都心部だけでなく全国の社員へLGBTの理解を広げることが課題です。LGBT関連イベントへの参加や社員向けLGBT勉強会を、継続的に全国へ拡大していきたいと考えています。

■ 一言メッセージ

野村グループは、カミングアウトをする・しないにかかわらず自分らしく、安心して働ける職場風土の醸成に努めています。多くのアライとともに、みなさんとともに働ける日を期待しています。

P&Gジャパン
（プロクター・アンド・ギャンブル・ジャパン株式会社）

[URL]
https://jp.pg.com/
[設立年] 1973年（日本法人）
[従業員数] 約3,500人（日本法人）
[平均年齢] 非公開
[売上高] 677億ドル（グローバル）

● 業務紹介

世界180か国以上で、人々に愛される製品を提供する世界最大の日用消費財メーカーです。「Consumer is Boss」の理念のもと、アリエール、パンテーンなどの革新的な製品を通じて世界中のご家庭の日々の暮らしを豊かにしていくことを使命にしています。

● LGBTへの取り組みをはじめたタイミングときっかけ

25年以上に渡り、ダイバーシティ＆インクルージョン（多様性の受容と活用：以下D&I）に取り組んできました。ジェンダーからはじまり、徐々に性別や国籍・性的志向・思想などを越えた「ひとりひとりの違い」を尊重する組織づくりへと移行し、現在は多様性を尊重する“文化”と支える“制度”に加え、個人の多様性を積極的に活かす「インクルージョン」“スキル”向上に取り組んでいます。

● 実際の取り組み内容

D&Iは多様な人材が自身の能力を発揮するための経営戦略です。世界に通用する優秀な人材を育成し、イノベーションを生み出し、市場での競争力向上のために不可欠だと考えています。多様な社員が充実感をもって働けるように“文化”“スキル”と合わせて“制度”の充実にも取り組んでいます。

在宅勤務やフレックスタイムなどで勤務形態の柔軟性を高め、法律上の婚姻関係にこだわらず、会社が認めるパートナーに同様の制度が適用されます。採用活動などでは性別欄の選択肢を広げています。

● 手ごたえ

D&I推進とともにビジネスは堅調に成長し、正しい経営戦略であることを示していると考えます。また、個人の考えや価値観を尊重し、その多様性が認められることが前提にあるため、「社員に選ばれる会社」として多くの賞をいただいています。

● 一言メッセージ

「お金、資産、ブランドが全てなくなったとしても、社員さえいれば10年でP&Gを元通りに再建できる」（1948年時のP&G米国本社社長）。この言葉の通り、P&Gでは「人材こそが会社の最も重要な資産」だと考えています。

P&Gには多様な個人の能力を最大限に発揮させ、飛躍的なスピードで自分を成長させていく環境があると自負しています。「自分らしさ／Your best-self everyday」を大切にするP&Gで一緒に成長しませんか。

PwC Japanグループ

[URL]
https://www.pwc.com/jp/
[従業員数] 約8,100人
[平均年齢] 30代
[売上高] 1,647億円

● 業務紹介

PwCは、社会における信頼を築き、重要な課題を解決することをPurpose(存在意義)としており、世界157か国に及ぶグローバルネットワークに276,000人以上のスタッフを擁し、高品質な監査、税務、アドバイザリーサービスを提供しています。PwC Japanグループは、日本におけるPwCグローバルネットワークのメンバーファームおよびそれらの関連会社の総称です。

● LGBTへの取り組みをはじめたタイミングときっかけ

PwC Japanグループ代表が宣言し、ダイバーシティ&インクルージョン(以下D&I)の取り組みの一つと位置づけたのは2018年です。しかし、それ以前から同性婚についても結婚祝い金の支給および結婚休暇の付与がされる就業規則にしていました。

● 実際の取り組み内容

当事者グループとアライネットワークとD&Iチームが連携して活動しており、アライの理解を深め、可視化を図っています。社内啓発活動として、役員向け説明会、人事部向け研修、全社向けeラーニング、ガイドブック、社内イベント(VRセッション、Ally Movie Night等)、カラフルデーなどがあります。また社会活動としては、東京レインボープライドへの協賛と従業員参加、婚姻の平等への賛同表明などを実施しています。これらの取り組みには、トップマネジメント陣も参加しています。

● 手ごたえ

自分らしくいられることが一人ひとりの能力を発揮するうえで最重要な点と考えており、徐々にですがその状態に近づいてきています。たとえば、年に一度実施される従業員意識調査の結果から、「性的マイノリティである」と答えた従業員のエンゲージメントスコア(PwC Japanで働き続けたいかなどの総合的な満足度に関する質問に対して肯定的な回答をした人の比率)は全体平均を上回っています。また、セクシュアリティについて「回答したくない」と答えた従業員のスコアも大きく改善しています。そして、結果的にカミングアウトしてくれる従業員も少しずつ増えてきています。

● 今後の課題と改善点、実現したいこと

自社のみならず、誰もが相手を受け入れ尊重されあうインクルーシブな社会を実現したいです。

● 一言メッセージ

Be yourself. Be different. ありのままの自分でいられる社会を一緒に目指しましょう!

freee株式会社

[URL]
https://corp.freee.co.jp/
[創業年] 2012年
[従業員数] 506人
[平均年齢] 32歳
[売上高] 45.2億円

● 業 務 紹 介

「スモールビジネスを、世界の主役に。」をミッションに掲げ、「アイデアやパッションやスキルがあればだれでも、ビジネスを強くスマートに育てられるプラットフォーム」の実現を目指してサービスの開発および提供をしています。

● LGBTへの取り組みをはじめたタイミングときっかけ

取り組みをはじめたのは2016年頃。会社の就業規則を整えるプロジェクトがきっかけとなりLGBT Allyを表明しようというムーブメントが立ち上がりました。

● 実 際 の 取 り 組 み 内 容

一例ですが、入社時の必修でダイバーシティ研修を実施しています。LGBTだけでなく、結婚も、家族をもつことも、障がいについても、価値観は人それぞれ、というインクルージョンの考え方を伝えています。

その他、全社で声をあげやすい仕組みづくりを複数実施しており、社内のダイバーシティの意識の浸透度についてはデータを計測しています。

● 手 ご た え

当事者からは、「こんなに自然に受け入れてもらえるものかと驚いた」という声をよくいただきます。

● 今後の課題と改善点、実現したいこと

オフィスが入居しているビルが古く、「誰でもトイレ」が設置できないことが課題です。現状は、性自認に合わせたお手洗いを利用することを全社に周知して対応していますが、移転したら対応できるようにしたいです。

カミングアウトしている当事者も多いため、社内では「自然なこと」だと考えている空気感がありますが、ハード面をカバーしきれないのは苦しいところです。

● 一 言 メ ッ セ ー ジ

「LGBTだから就職転職が不安」という言葉が世の中からなくなるように、私たちみんなで世の中を変えていきましょう！

「BLTサンドのこと？」

　3年前、ある企業の人事に「LGBT」についてお話ししたときに聞き返された言葉です。そのときは落胆しましたが、いまではほとんどの人事から「聞いたことがある」といわれるようになりました。

　これからも、LGBTに対する考え方、世論、理解はどんどん変わり続けるでしょう。

　もしかすると、数年のうちに本書がまったく必要とされなくなるほど、LGBTの就活・転職を取り巻く状況が好転する可能性もあります。

　こうした過渡期において、LGBTの就活・転職に関する実用書として、本書は日本ではじめて出版されることになります。

　就活・転職は、長い人生の中のほんの一部の期間に過ぎませんが、人生を大きく左右する濃密な時間です。私自身、就活の経験は人生のターニングポイントになりました。

　本書を通して、LGBT就活生・転職者の不安を解消し背中を押すことができたらという想いとともに、この人生の一大イベントを大いに悩み、楽しんでもらうきっかけとなれば、こんなに嬉しいことはありません。

　最後まで読んでくださって、ありがとうございました。

　本書のページをめくった今日この日が、一人でも多くの人にとって「自分らしく働く」の第一歩となりますように。

　2020年2月

　　　　　　　　　　　　　　　　　　　　　　　　　　　　星賢人

本書内容に関するお問い合わせについて

このたびは翔泳社の書籍をお買い上げいただき、誠にありがとうございます。弊社では、読者の皆様からのお問い合わせに適切に対応させていただくため、以下のガイドラインへのご協力をお願いいたしております。下記項目をお読みいただき、手順に従ってお問い合わせください。

● ご質問される前に
　弊社Webサイトの「正誤表」をご参照ください。
　これまでに判明した正誤や追加情報を掲載しています。
　　　　　　　　正誤表　https://www.shoeisha.co.jp/book/errata/

● ご質問方法
　弊社Webサイトの「刊行物Q&A」をご利用ください。
　刊行物Q&A　https://www.shoeisha.co.jp/book/qa/

　　　　　　インターネットをご利用でない場合は、FAXまたは郵便にて、
　　　　　　下記"翔泳社 愛読者サービスセンター"までお問い合わせください。
　　　　　　電話でのご質問は、お受けしておりません。

● 回答について
　回答は、ご質問いただいた手段によってご返事申し上げます。ご質問の内容によっては、回答に数日ないしはそれ以上の期間を要する場合があります。

● ご質問に際してのご注意
　本書の対象を超えるもの、記述個所を特定されないもの、また読者固有の環境に起因するご質問等にはお答えできませんので、あらかじめご了承ください。

● 郵便物送付先およびFAX番号
　送付先住所　〒160-0006　東京都新宿区舟町5
　　　　　　　FAX番号 03-5362-3818
　　　　　　　宛先 (株)翔泳社 愛読者サービスセンター

著者紹介

星賢人（ほし・けんと）

株式会社JobRainbow CEO。1993年生まれ。東京大学大学院情報学環教育部修了後、「全てのLGBTが自分らしく働ける社会の創造」を目指して起業。Forbes 30 under 30 Asia 2018のSocial Entrepreneurs部門で日本人として唯一選出。現在は35万人超のユーザーを抱える就職支援サービス「JobRainbow」を運営。全国の大学や企業で多数の講演会を行うかたわら、日本経済新聞「U22」で連載中。板橋区男女参画審議会委員。公益財団法人孫正義育英財団1期生。NHK「おはよう日本」、朝日新聞「ひと」、テレビ東京「ワールドビジネスサテライト」、フジテレビ「ホウドウキョク」など多数メディアに出演。

ブックデザイン	小口翔平＋岩永香穂＋三沢稜(tobufune)
イラスト	あさなさくま
DTP	BUCH⁺
執筆協力	星真梨子
編集協力	孝本真子

自分らしく働く
LGBTの就活・転職の不安が解消する本
エルジービーティー

2020年3月16日 初版第1刷発行

著者	星賢人（ほしけんと）
発行人	佐々木 幹夫
発行所	株式会社 翔泳社 (https://www.shoeisha.co.jp/)
印刷	公和印刷株式会社
製本	株式会社 国宝社

ISBN 978-4-7981-6341-3

Printed in Japan